陕西出版资金资助项目

中国现代出版家论著丛书

主编　郝振省

中国文学名著讲话

徐调孚 著

西北大学出版社

作者简介

　　徐调孚，1901 年 4 月 16 日出生。学名是名骥，字调孚，笔名蒲梢。浙江平湖人。1919 年，毕业于浙江省立第二中学。1921年开始发表作品。自 1922 年起，协助郑振铎编辑《小说月报》，参与编辑《文学周报》。协助叶圣陶编辑《小说月报》。1932 年商务印书馆停业后，进开明书店，任出版部主任，兼推广部主任。开明书店出版的茅盾、巴金的著名小说不少是他组织来的，被称为作者的知音。整理编辑文史古籍多种，其中《六十种曲》经他修订、考证，集中前人的评价，成为开明书店的一部扛鼎之作。校注的王国维的《人间词话》是最完备的本子。他还校补日本青木正儿著《元人杂剧序说》一书的遗误之处。他精通出版业务，无论版式设计、装帧设计、插图制版都十分熟悉。

　　中华人民共和国成立后，他先后在中国青年出版社、古籍出版社、中华书局任编辑、编辑部主任。为中国新文学出版事业、古籍出版事业作出了贡献。1981 年 5 月 9 日在四川江油逝世。

　　著作有：《中国文学名著讲话》《现存元人杂剧书录》，校注有《人间词话》。译作有《木偶奇遇记》等。

编辑说明

　　徐调孚是现代著名的文学期刊编辑，曾供职于上海商务印书馆、开明书店等，有多部著译校书问世。《中国文学名著讲话》就是他于1949年前给上海开明书店出版的《中学生》杂志写的讲稿，1981年经作者整理中华书局初版。

　　这次整理重版，主要是对原版中因时代变化有些字词予以规范统一，核改了一些错讹字句，调整规范了格式等。

总　序

　　"中国现代出版家论著丛书"，选集张元济等中国现代出版拓荒者14人之代表性作品19部，展示他们为中国现代出版奠基所作出的拓荒性成就和贡献。这套书由策划到编辑出版已有近六个年头了，遴选搜寻作品颇费周折，繁简转化及符合现今阅读习惯之编辑加工亦费时较多。经过多方努力，现在终于要问世了，作为该书的主编，我确实有责任用心地写几句话，对作者、编者和读者有个交代。尽管自己在这个领域里并不是特别有话语权。

　　首先想要交代的是这套选集编辑出版的背景是什么，必要性在哪里？很可能不少读者朋友，看到这些论著者的名字：张元济、王云五、陆费逵、钱君匋、邹韬奋、叶圣陶等会产生一种错觉：是不是又在"炒冷饭"，又在"朝三暮四"或者"朝四暮三"？如此而然，对作者则是一种失敬，对读者则完全是一种损失，就会让笔者为编者感到羞愧。而事情恰恰相反，西北大学出版社的同仁们用心是良苦的，选编的角度是精准的，是很注意"供给侧改革"的。就实际生活而言，对待任何事物，怕的就是"一叶障目，不见泰山"，怕的就是浮光掠影，道听途说；怕的就是想当然，而不尽然。对待出版物亦是这样，更是这样。确实不少整理性出版物、资料性出版物，属于少投入、多产出的克隆性出版；属于既保险、又赚线的懒人哲学？而这套论著确有它独到的价值。论著者不是那种"两耳不闻窗外事，闭门只读圣贤书"的出版家，而是关注中华民族命运，焦急民族发展困境的一批进步知识分子。他们面对着国家的积贫积弱，民众的一盘散沙，生活的饥寒交迫，列强的大举入侵，和"道德人心"的传统文化与知识体系不能拯救中国的危局，在西学东渐，重塑知识体系的过程中，固守着民族优秀文化的品格，秉承"为国难而牺牲，为文化而奋斗"的使命，整理国故，传承经典，评介新知，昌明教育，开启民智，发表了一系列的论著，为我们国家和民族的现代出版文化事业进行了拓荒性奠基。如果再往历史的深层追溯，不难看出，他们身上所体现的代表中国传统知识分子心胸与志向的使命追求，正如北宋思想家张载所倡言的："为天地立心，为生民立命，为往圣继绝学，为万世开太平"。我们为中华民族这些前仆后继、生生不息的思想家们肃然起敬。以张元济等为代表的民国进步出版家们，作为现代出版文化的拓荒奠基者，其实就是一批忧国忧民的思想大家、文化大家。挖掘、整理、选萃他们的出版文化思想，其实就是我们今天继承和弘扬优秀传统文化的必然之举，也是为新时代实现古今会通、中西结合的创造性转化与创新性发展提供借鉴的必须之举。

不仅如此，这套论著丛书的出版价值还在于作者是民国时期我们这个国家和民族最有代表性的一个文化群体，一批立足于出版的文化大家和思想大家；14位民国出版家的19部作品中，有相当部分未曾出版，具有重要的填补史料空白的性质，对于这个领域的研究者、耕耘者都是一笔十分重要的文化财富之集聚。通过对拓荒和奠基了中国现代出版事业的这些出版家部分重要作品的刊布，让我们了解这些出版家所特有的文化理念、文化视野、人文情怀，反思现在出版人对经济效益的过度追求，而忘记出版人的文化使命与精神追求等等现象。

之所以愿意出任该套论著丛书的主编还有一层考虑在里面。这些现代出版事业拓荒奠基的出版家们，其实也是一批彪炳于史册的编辑名家与编辑大家。他们几乎都有编辑方面的极深造诣与杰出成就。作为中国编辑学会的会长，也特别想从中寻觅和探究一位伟大的编辑家，他的作派应该是怎样的一种风格。张元济先生的《校史随笔》其实就是他编辑史学图书的原态轨迹；王云五的《新目录学的一角落》其实就是编辑工作的一方面集大成之结果；邹韬奋的《经历》中，就包含着他从事编辑工作的心血智慧；张静庐的《在出版界二十年》也不乏他的编辑职业之体验；陆费逵的《教育文存》、章锡琛的《＜文史通义＞选注》、周振甫的《诗词例话》等都有着他们作为一代编辑家的风采与灼见；赵家璧的三部论著中有两部干脆就是讲编辑故事的，一部是《编辑忆旧》，一部是《编辑生涯忆鲁迅》，其实鲁迅也是一位伟大的编辑家。只要你能认真地读进去，你就会发现一位职业编辑做到极致就会成为一位学者或名家，进而成为大思想家、大文化家，编辑最有条件成为思想家、文化家。"近水楼台先得月，就看识月不识月"。我们的编辑同仁难道不应该从中得到启发吗？难道我们不应该为自己编辑职业的神圣性而感到由衷的自豪与骄傲吗？

这套丛书真正读进去的话，容易使人联想到正是这一批民国时期我国现代出版事业的拓荒者和奠基者，现代出版文化的开创者与建树者，为西学东渐，为文明传承，作出了巨大的历史性贡献。他们昌明教育、开启民智的出版努力，他们所举办的现代书、报、刊社及其载体实际上成为马克思主义向中国传输的重要通道，成为中西文化发展交融的重要枢纽，成为当时的中国先进知识分子寻求和探究救国、救民真理的重要精神园地。甚至现代出版事业的快速发展与现代出版文化的初步形成，乃是中国共产党成立、诞生的重要思想文化渊源。一些早期共产党人就是在他们旗下的出版企业担任编辑出版工作的，有的还是他们所在出版单位的作者或签约作者。更多的早期共产党人正是受到他们的感染和影响，出书、办报、办刊而走上职业革命道路的。从这个意义上讲，我们对民国出版家及其拓荒性论著的价值的重视还很不够。而这套论著丛书恰恰可以对这个问题有所补救，我们为什么不认真一读呢？

　　是为序。

郝振省

2018.3.20

目 录

第一讲 《诗经》
——二千五百年前的诗歌总集

一

青年读者们，你们喜欢读中国文学名著吗？然而名著这么多，你们不知道读什么书好！因此，我要介绍几种中国文学的名著给诸位。每种名著都足以代表一种文体，而且大致依照了时代的先后为序。

说起时代的先后，我们翻开一本中国文学史来，首先看到的，总是那部《诗经》。

好！我们就也来讲《诗经》吧！

《诗经》这书名，诸位想来都曾听到过的，并且在中学的语文课本里，也必定读过一二首选自《诗经》的诗篇。

然而《诗经》究竟是怎样的一部书呢？诸位也许搞不清楚。不要紧，我今天将要给你弄个明白。

最初，我简单地告诉你：《诗经》是一部中国古代最早的诗歌总集。

诗歌是文艺中产生得最早的作品，原来是一种口头文学，在还没有文字以前早已产生了。所以无论在哪一个国家的文学史里，最早的作品总是诗歌，我们中国，自也不能例外。虽则这部《诗经》在中国的历史上已经不是"最古"时代的东西了。

大约在汉朝，这部书被加上一个"经"字，列入"圣经"之内。于是便被蒙上了一层迷障，把本来面目遮蔽了，成为学子做官的捷径之一，更进而成为一部政治伦理学，制造出什么"孔子删诗"等种种假想的猜度的说法来。

我们现在把这些劳什子一古脑儿丢开，一律不去理睬它们。

我们只要知道：《诗经》是一部"诗歌总集"，一共有三百零五首。它并不是由一个人纂集和在一个时期辑成的，而是渐次积聚自然淘汰而成的。也许是由某一人集录成功之后，经过许多人的增删改订，然后成为现在我们所见到的这个定本形式。

我们既经知道《诗经》是一部"总集"，那当然不是一个人的作品，究竟它的作者是哪几个呢？那却也很难说，能够知道作者姓名的，只有极少的几篇。其中约一半是贵族的诗歌，一半则公认为民间的歌谣。从篇数看，民间歌谣多一些；从分量看，贵族诗歌多一些。这极少的几个作者，我们今天也不必去一个一个的知道他们。我们只要概括的明白：

（1）在时间方面，这三百零五首都是周代的诗，所占的年代，大约四五百年，公元前十一世纪至六世纪。

（2）在空间方面，大部分是产生于北方黄河流域，小部分产生于长江汉水流域。因为北方是那时的文化中心，而黄河流域更为中国文化的发祥地。

一部《诗经》三百零五首诗篇，容纳于"风""雅""颂"三个大范围中。属于"风"这一体的，有十五国风，即周南、召南、邶、鄘、卫、王、郑、齐、魏、唐、秦、陈、桧、曹、豳，计共一百六十篇。周南、召南里面包括南国的风，即长江汉水流域的民歌，那里有好多小国，总称南国。邶、鄘、卫三风，实际上是卫国一国的民歌。属于"雅"这一体的，有"小雅"和"大雅"，计共一百零五篇。属于"颂"这一体的，有"周颂""鲁颂""商颂"，计共四十篇。"商颂"是周朝宋国的颂歌。

"风""雅""颂"三者的分别，风是各地方的乐调，国风就是各国的地方乐调。雅是正的意思，周王朝的音乐称为雅乐。大雅是西周的诗，小雅里有东周的诗。颂是宗庙里祭祀用的舞歌。从这些古诗歌的本身，可以按内容来分类。

二

郑振铎先生的《插图本中国文学史》，根据了三百零五篇诗的内容，归纳成三类，分得很明白清楚。我们现在就依此一一讲述。

第一类是诗人的创作。这里又可分为两项：一是可以考证出作者姓名的作品，二是许多无名诗人的创作。前者的作品并不多，后者稍为多一些。

在这些无名诗人的作品中，显然的可以看出两种不同的情调，作于两个不同的时期。一是歌颂赞美的，大约是西周时候的作品。当是各时期的朝廷诗人追述他们以前统治者的功德，或者歌颂当代上层阶级的丰功伟绩，用以告诉给后来的子孙们知道，又或竟是祭庙时所用的颂歌。这里我们引录一首《公刘》在下面：

> 笃公刘，匪居匪康，乃埸乃疆。乃积乃仓，乃
> 裹糇粮，于橐于囊。思辑用光；弓矢斯张，干戈戚扬，

爰方启行。

笃公刘,于胥斯原,既庶既繁,既顺乃宣,而无永叹。陟则在巘,复降在原。何以舟之? 维玉及瑶,鞞琫容刀。

笃公刘,逝彼百泉,瞻彼溥原。乃陟南冈,乃觏于京。京师之野,于时处处,于时庐旅,于时言言,于时语语。

笃公刘,于京斯依。跄跄济济,俾筵俾几。既登乃依;乃造其曹,执豕于牢。酌之用匏,食之饮之,君之宗之。

笃公刘,既溥既长,既景乃冈,相其阴阳,观其流泉。其军三单,度其隰原,彻田为粮。度其夕阳,豳居允荒。

笃公刘,于豳斯馆。涉渭为乱,取厉取锻。止基乃理,爰众爰有。夹其皇涧,溯其过涧;止旅乃密,芮鞫之即。

今译 　　　　　　　　　　　　陈子展

笃实忠厚的公刘,不能住下、不能安身自在,就整理好土地的小界大界。就收拾好粮食的外囷内仓,就包裹好干粮,放好在无底小袋子的橐,有底大袋子的囊。住的走的都这样团结、因而大家有光。弓箭就这样张设,还带上干戈斧钺,然后开始开路咧。

笃实忠厚的公刘,于是察看这个平原地方,人民已经很多、物产已经很旺,民心已经归顺,民情也已通畅,而且没有人长叹怨望。他上去了就在小山之巅，又下来了就在平原之上。他拿什么佩带的？是美玉和宝石的瑶，装饰了刀鞘上下的佩刀。

笃实忠厚的公刘，往看那个地方上百的流泉，瞻望那里广阔的平原，就升上南面的山冈，就见到一个在高丘的地方。在这大众所居的京师的田野，于是安居的就安居起来，于是作客的就作客起来，于是欢言的就欢言起来，于是爱说的就爱说起来。

笃实忠厚的公刘，就依住在这京师之地。随从的人都有威仪、跄跄济济，使他们有席、使他们有几。已经登上席子、然后依几如礼。然后告祭那猪祖之神，捉猪于养猪的牢。酌酒的是用葫芦瓜儿做的瓢。给他们来食、给他们来饮，对异姓的做他们的君、对同姓的还做大宗。

笃实忠厚的公刘，他的土地已广已长，已凭日影测定东西，就再登上高冈，勘察那里的南北阴阳，观看那里的流泉方向。他的三军之众轮流相代，测定那低的高的地方，治理田地为了打粮。还测量那山的西面所谓夕阳的地方，豳邑的所在真是广大可居之邦！

笃实忠厚的公刘，在豳邑就要营造宫室。横渡过了渭水，采取砺石锻石。定居的基础就理好了，于是什么也多了、什么也有了。夹着那条皇涧，上溯那条过涧，定居的人众也就很安，靠着水涯的一个大拐弯！

这是一首史诗，歌颂公刘迁都的事。叙他带领了人民，收拾了一切，预备了粮食，登山涉水，远远地出行，最后决定居住于豳的地方。把古代民族迁徙的图画，活生生地描绘在纸上。

二是感伤、愤懑、迫急的，大约是周室衰落时期的作品。周朝经了幽王的昏暴，外族犬戎的侵入，中央威信完全扫地；外边的诸侯们互相并吞征战，封建制度的缺点暴露无遗。于是诗人们呼号了，他们喊出自身或民众所受的痛苦。因为有切肤之痛，所以辞句非常自由奔放。如：

采薇采薇，薇亦作止；曰归曰归，岁亦莫止。
靡室靡家，猃狁之故；不遑启居，猃狁之故。
采薇采薇，薇亦柔止；曰归曰归，心亦忧止。
忧心烈烈，载饥载渴；我戍未定，靡使归聘。
采薇采薇，薇亦刚止；曰归曰归，岁亦阳止。
王事靡盬，不遑启处；忧心孔疚，我行不来。
彼尔维何？维常之华；彼路斯何？君子之车。
戎车既驾，四牡业业；岂敢定居，一月三捷。
驾彼四牡，四牡骙骙，君子所依，小人所腓。
四牡翼翼，象弭鱼服；岂不日戒，猃狁孔棘。
昔我往矣，杨柳依依；今我来思，雨雪霏霏。
行道迟迟，载渴载饥，我心伤悲，莫知我哀。

——小雅·采薇

今译   余冠英

大巢菜采了又采，大巢菜冒出芽尖。说回家哪时回家，转眼间就到残年。谁害我有家难奔，还不是为了猃狁；谁害我腔不着凳，还不是为了猃狁。

　　大巢菜采了又采，大巢菜多么鲜嫩。说回家哪时回家，心里头多么忧闷。心忧闷好像火焚，饥难忍渴也难忍。驻防地没有一定，哪有人捎个家信。

　　大巢菜采了又采，大巢菜又粗又老。说回家哪时回家，小阳春十月又到。当王差无穷无尽，哪能有片刻安身。我的心多么痛苦，到如今谁来慰问。

　　什么花开得繁花？那都是棠棣的花。什么车高高大大？还不是贵人的车。兵车啊已经驾起，高昂昂公马四匹。哪儿敢安然住下，一个月三次转移。

　　驾起了公马四匹，四匹马多么神气，贵人们坐在车上，士兵们靠它隐蔽。四匹马多么雄壮，象牙弭鱼皮箭囊。怎么不天天警戒？那猃狁实在猖狂。

　　想起我离家时光，杨柳啊轻轻飘荡。如今我走向家乡，大雪花纷纷扬扬。慢腾腾一路走来，饥和渴煎肚熬肠。我的心多么凄惨，谁知道我的忧伤！

　　这是一首复员归来的悲歌，情景逼真，是《诗经》中最为人所传诵者之一。在《小雅》中，这类悲歌最多。

　　第二类是民间的歌谣，又可分为为"恋歌""结婚歌""悼歌及颂贺歌""农歌"等四项。

　　在全部《诗经》中，恋歌的数量最丰富，而质也最佳妙。前代的解诗者，带上了道学的眼镜，一首首给解释得意义歪曲了，加上了厚厚的面幕，然而它们的深挚恳切的情绪，婉曲动人的词句，又岂是能够给歪曲和遮掩得了的！这类恋歌在《国风》中最多，《小雅》中也有。这里引一首意境和音调两具秀美的《蒹葭》（秦风）如下：

蒹葭苍苍，白露为霜。所谓伊人，在水一方。
溯洄从之，道阻且长；溯游从之，宛在水中央。

蒹葭凄凄，白露未晞。所谓伊人，在水之湄。
溯洄从之，道阻且跻；溯游从之，宛在水中坻。

蒹葭采采，白露未已。所谓伊人，在水之涘。
溯洄从之，道阻且右；溯游从之，宛在水中沚。

今译   余冠英

芦花一片白苍苍，清早露水变成霜。心上人
儿他在哪，人儿正在水那方。逆着曲水去找他，
绕来绕去道儿长。逆着直水去找他，像在四边不
着水中央。

芦花一片白翻翻，露水珠儿不曾干。心上人
儿他在哪，那人正在隔水滩。逆着曲水去找他，
越走越高道儿难。逆着直水去找他，像在小小洲
上水中间。

一片芦花照眼明，太阳不出露水新。心上人儿
他在哪，隔河对岸看得清。逆着曲水去找他，曲曲
弯弯道儿拧。逆着直水去找他，好像藏身小岛水中心。

一个文学者从这些恋歌里欣赏美妙的辞句，但是一个社会
科学者也可从这里研究远古人民的恋爱生活，因为它们是叙述
得这样的无忌惮而明白啊！

《周南》的《桃夭》是结婚歌的代表：

桃之夭夭，灼灼其华；之子于归，宜其室家。

桃之夭夭，有蕡其实；之子于归，宜其家室。

桃之夭夭，其叶蓁蓁；之子于归，宜其家人。

今译　　　　　　　　　　　　金启华

小桃长得嫩妖妖，红红的花儿多光耀。好姑娘
要出嫁了，家庭的生活定美好。

小桃长得嫩妖妖，红白的桃儿多肥饱。好姑娘
要出嫁了，家庭的生活定美好。

小桃长得嫩妖妖，绿绿的叶儿多秀茂。好姑娘
要出嫁了，家人的生活定美好。

《小雅》的《蓼莪》是悼歌的代表：

蓼蓼者莪，匪莪伊蒿；哀哀父母，生我劬劳！

蓼蓼者莪，匪莪伊蔚；哀哀父母，生我劳瘁！

瓶之罄矣，维罍之耻；鲜民之生，不如死之久
矣！无父何怙！无母何恃！出则衔恤，入则靡至！

父兮生我，母兮鞠我：拊我畜我，长我育我，
顾我复我，出入腹我。欲报之德，昊天罔极。

南山烈烈，飘风发发。民莫不穀，我独何害？

南山律律，飘风弗弗。民莫不穀，我独不卒？

今译　　　　　　　　　　　　陈子展

又长又大的是抱娘蒿？不是抱娘蒿、却是一般
的蒿。哀哀呀父母，生我痛苦勤劳！

又长又大的是抱娘蒿？不是抱娘蒿、却是叫马新蒿的蔚。哀哀呀父母，生我勤劳憔悴！

酒瓶子的空空呀，是大酒罍的羞耻！孤苦少福人的生存呀，还不如老早老早的死！没有父、那有依！没有母、那有靠？出门就含着深忧，入门就像还没有到！

父呵生我！母呵养我！抚我、爱我，成长我、教育我，照顾我、殷勤我，出入怀抱提携我。想要报答这个恩德，昊天呀我靠你不得！

南山路途险恶，飘风狂吹急促。他人莫不养好父母，我独怎么遭祸？

南山崖不险恶，飘风飞尘急促。他人莫不养好父母，我独不能终养么？

至于农歌，在《诗经》里也有许多是极好的，大都在大小《雅》里。二千五百年前的农村生活极活泼而生动地被描绘在这些诗里，仿佛是一幅幅的耕牧图。这其中一首《七月》，最为详尽而逼真，因为篇幅太多，我不能引录在这里。《无羊》是一首美妙的牧歌，其情境活跃如见：

谁谓尔无羊，三百维群。谁谓尔无牛，九十其犉。尔羊来思，其角濈濈。尔牛来思，其耳湿湿。

或降于阿，或饮于池，或寝或讹。尔牧来思，何蓑何笠，或负其糇。三十维物，尔牲则具！

尔牧来思，以薪以蒸，以雌以雄。尔羊来思，矜矜兢兢，不骞不崩。麾之以肱，毕来既升。

牧人乃梦：众维鱼矣，旐维旟矣。大人占之：
众维鱼矣，实维丰年；旐维旟矣，室家溱溱。

今译　　　　　　　　　　余冠英

谁说你家羊儿少，一群就是三百条。谁说你家
没有牛，七尺黄牛九十头。你的羊儿都来了，羊儿
犄角挨犄角。你的牛儿都来了，牛儿都把耳朵摇。

有些牛羊正下坡，有些池边来饮水，也有动弹
也有睡。你的牧人都来了，背着蓑衣和斗笠，有把
干粮袋子背。牛羊毛色三十种，各色祭牲都齐备。

你的牧人都来了，他们一路打柴草，又捉雌鸟
和雄鸟。你的羊儿都来了，谨谨慎慎相依靠，不奔
不散不亏少。摆动胳膊来指挥，一古脑儿进圈牢。

牧官做梦真稀奇：梦见蝗虫变成鱼，龟蛇旗儿
变鸟旗。占梦先生来推详：梦见蝗虫变成鱼，来年
丰收谷满仓；龟蛇旗儿变鸟旗，添人进口喜洋洋。

至于古代农业社会的生活和农民的哀乐，在《七月》诗里
有描绘。

第三类是贵族乐歌，又可分为"宗庙乐歌""颂神歌或祷
歌""宴会歌""田猎歌""战事歌"五项。

"宗庙乐歌"和"颂神歌或祷歌"，除了歌功颂德外，大都
没有什么好的。

"宴会歌"虽有不少非常清隽的作品，但其结构和意思却
很多相同，可以看出从一个来源转变来的。《小雅》的《鹿鸣》

《伐木》等都是。《伐木》里的"既有肥牡，以速诸舅，宁适不来，微我有咎"以至"坎坎鼓我，蹲蹲舞我"都是活生生的宴会情境。

"田猎歌"和"战事歌"都有几首，唯不多，大都是叙述贵族或君王的行动的。

研究诗歌的起源者，知道原始人民于祀神和宴会的时候，一面舞蹈，一面歌唱。这种舞曲，大都是祈祷的话。又他们为了生存，天天在过斗争的生活，尚武是普遍的现象，因之很多鼓励战争和颂扬战争的诗。所以在原始民族的诗歌里，往往多的是这类的作品。我们看了《诗经》里的贵族乐歌，觉得正合乎这原则。至于《诗经》民间歌谣的部分里最多是恋歌，那更可以说明诗歌发生的首要原因了——性的引诱，男女爱情的媒介。

三

现在，我们再来考察一下《诗经》的表现手法，有赋、比、兴。赋是直接叙述，比是打比方，兴是先借他物来引起所咏的话。像上面引的《笃公刘》就是赋，用直接叙述手法。像上面引的《桃夭》就是兴，用桃花的盛开来引起这位出嫁的新娘。比同一般的比喻相同。再看《诗经》的形式方面。

第一，先研究它的修辞。《诗经》的修辞方法，最明显的是尽量应用联绵词——叠词的和双声叠韵的。

声律为诗歌修辞的要件。叠词和双声叠韵词的运用，其音宛转铿锵，在诵读时能增加声调的美。所以《诗经》中尽多是这类音调悦耳的联绵词。举例来说，叠词的如：

子子孙孙（小雅《楚茨》）

桃之夭夭　灼灼其华（周南《桃夭》）

委蛇委蛇（召南《羔羊》）

叠韵的如：

窈窕淑女（周南《关雎》）

陟彼崔嵬（周南《卷耳》）

蔽芾甘棠（召南《甘棠》）

双声的如：

参差荇菜（周南《关雎》）

我马玄黄（周南《卷耳》）

唐棣之华（召南《何彼秾矣》）

除了声律上的优点外，更使描写形容显得精彩，扩大词汇的应用。后世诗人，袭用此技巧者很多。

其次是对偶的运用。对偶是中国文字的特有技巧，《诗经》中对偶之句很多，如：

倡予　和女（郑风《萚兮》）

有闻　无声（小雅《车攻》）

忘我大德　思我小怨（小雅《谷风》）

如月之恒　如日之升（小雅《天保》）

昔我往矣，杨柳依依　今我来思，雨雪霏霏
（小雅《采薇》）

就其深矣，方之舟之　就其浅矣，泳之游之
（邶风《谷风》）

把对偶的方法，推广而应用之是反复。反复也是诗歌之重要修辞。例如周南《麟之趾》：

> 麟之趾，振振公子，于嗟麟兮。
> 麟之趾，振振公姓，于嗟麟兮。
> 麟之趾，振振公族，于嗟麟兮。

《诗经》的修辞，可以说的很多，这里不过举其重要者略说一二而已。

第二，我们研究它的构成法。《诗经》三百零五篇，每篇各包括一章至若干章，章各若干句，句各若干字，都极自然而不受什么拘束。现在分述如下：

句的长短，从一言到九言，无不都有，而以四言为基本句法。例如下：

> 一字句——敝 还（齐）〔郑〕风《缁衣》） 予（小雅《祈父》）
> 二字句——祈父（小雅《祈父》） 肇禋（周颂《维清》）
> 三字句——旨且多 多且旨 旨且有（小雅《鱼丽》）
> 四字句——（最多，不必列举）
> 五字句——谁谓雀无角，何以穿我屋（召南《行露》）
> 六字句——谓尔迁于王都,曰予未有室家（小雅《雨无正》）
> 七字句——自今伊始岁其有, 君子有穀诒孙子（鲁颂《有駜》）
> 八字句——我不敢效我友自逸（小雅《十月之交》）
> 　　　　　胡瞻尔庭有县特兮（魏风《伐檀》）

九字句——二后受之成王不敢康（周颂《昊天有成命》）

章法以每章四句、六句、八句者为最普通，五句、七句、十句、十二句、三句、九句……等亦间有，而最多的竟有达三十一句和三十八句的。

至于篇法，最普通是一篇三章，二章及四章的就比较得少了。章数最多的要算十六章，仅有一篇。

总括的说来：句法以四言的为定格。中间虽然有杂着别种句法的，可是通篇纯用四言以外的句法，或错杂用长短句者，却只有极少数的例。一章的句数，一篇的章数，已如上面所说；固然是多寡不定，然在一篇之中，各章的句数齐一者，占着绝大多数。这是因为《诗经》各篇都是"乐歌"，配了曲谱唱的，诗形取齐一的形式，就是便于放在同一曲谱之下歌唱的缘故。

第三，我们研究它的用韵法。诗是离不了音节的，所以通常都要用韵（新诗自当别论）。《诗经》的用韵法非常繁复，清代有许多学者都努力想从里边找出法则来。有位孔子的后裔叫孔广森的，做一部《诗声分例》，他研究得《诗经》的用韵方式有一百三十个之多，这非但太专门，也太琐碎了，不是我们所要知道的。我们只要最简单的说一说，姑且粗分为三种方式：

（1）隔句押韵法

（a）句末韵——桃之夭夭，灼灼其华，之子于归，宜其室家。　　　　　　　　　　　　　　（周南《桃夭》）

（b）句中韵——所谓河广，一苇杭之，所谓宋远，跂予望之。　　　　　　　　　　　　　　（卫风《河广》）

（2）三句押韵法（句中韵引例略）

关关雎鸠，在河之洲。窈窕淑女，君子好逑。

（周南《关雎》）

（3）每句押韵法（句中韵引例略）

（a）一韵到底——终风且暴，顾我则笑，谑浪笑敖，中心是悼。 （邶风《终风》）

（b）两句转韵——于以采蘋，南涧之滨；于以采藻，于彼行潦。 （召南《采蘋》）

（c）交互押韵——鱼在在藻，有颁其首，王在在镐，岂乐饮酒。 （小雅《鱼藻》）

四句的诗是中国韵文的主要形式，在《诗经》也占三分之一的多数，而四句诗的押韵法又具备了一切的方式，所以我这里只引四句的一种了。其他可说都是由此变化罢了。

一部《诗经》，虽则只有三百零五首诗，然而可讲的话却实在不少，尽可以写几本煌煌巨册。诸位读者也许是初学者，还是就这样"尝鼎一脔"罢。一切更深一层的研究，且留待于将来！

《诗经》的选本，有余冠英选注的《诗经选》和《诗经选译》，都是人民文学出版社本；陈子展的《国风选译》《雅颂选译》，古典文学出版社本；金启华的《国风今译》，江苏人民出版社本；李长之的《诗经试译》，古典文学出版社本；高亨的《诗经选注》，五十年代出版社本。从汉朝到唐朝人的《诗经》注释，有《毛诗正义》，宋朝人的注释有朱熹的《诗集传》，清朝人的注释有马瑞辰《毛诗传笺通释》等。

第二讲 《离骚》
——古代第一首长诗

《诗经》是中国文学史上的第一部名著，然而是"总集"，不是一个人的创作。中国文学史上第一个伟大的作家是屈原，《离骚》是他的最伟大的作品，也是古代最重要的诗篇之一。

《离骚》这两个字的解释，历来有好几种说法。我们都不必去管它。我们只要笼统的知道：《离骚》犹言《牢骚》，是屈原受了委屈以后，发泄出来的一番牢骚话。因为他不是"无病呻吟"，他的感情被压迫了才抒写出来，所以是精美的抒情诗。

屈原受的什么委曲呢？我们先要知道他的生平。

屈原名平，是楚国的宗室，一个贵族。大约生于公元前三百四十三年（周显王二十六年，楚宣王二十七年）。起初做楚怀王"左徒"的官，因为他很有学问，而且又很会说话，所以楚怀王非常信任他。他在里边，和怀王商议国事，发号施令；到外边来，那就接待宾客，应对诸侯。原是一个很有权力的人。其时有一个上官大夫，嫉妒他的才能，在怀王面前说他的坏话。怀王听了上官的话，就把他疏远了。后来怀王不听屈原的忠告，跑到秦国去，竟客死在秦国，长子顷襄王立。顷襄王又听了上官的话，索性把他放逐了。他受着外界的压力，精神遭受了极大的刺激，满腔的愤懑，只有发泄在作品之中。他在江边，披散了头发吟诗，颜色非常憔悴，形容非常枯槁，看上去已不像一个人了。终于在某年（大约在公元前二七八年到二九〇年间）的五月初五日，抱了一块石头投汨罗江自杀了。后来每年到了这一天，各地方竞赛龙舟，有的又裹了粽子投到江里去，就是吊我们这位大诗人。

《离骚》全文共三百七十二句，二千四百六十一字。实是古代最伟大的一篇作品。作者的技巧在这里已发展到了极点。他把历史上和神话上的人物，自然界的现象，以至于草木禽兽，全都组入诗中，成此巨著。全文可以说是作者的一篇自传，开首是叙他的祖先、身世、性情等：

> 帝高阳之苗裔兮，朕皇考曰伯庸；摄提贞于孟陬兮，惟庚寅吾以降。皇览揆余于初度兮，肇锡余以嘉名：名余曰正则兮，字余曰灵均。纷吾既有此内美兮，又重之以修能；扈江离与薜芷兮，纫秋兰以为佩。

今译　　　　　　　　　　　郭沫若

我本是古帝高阳氏的后裔，号叫伯庸的是我已故的父亲。太岁在寅的那一年的正月，庚寅的那一天便是我的生辰。先父看见了我有这样的生日，他便替我取下了相应的美名。替我取下的大名是叫着正则，替我取下的别号是叫着灵均。我的内部既有了这样的美质，我的外部又加以美好的装扮。我把蘼芜和白芷都折取了来，和秋兰组结着做成了个花环。

　　接着写他眼见着那一批糊涂的人们苟且偷安，他们的路是暧昧而又狭隘。他怕国家有倾覆的危险，于是效力奔走，想赶上先王们的步子。岂知当局"不察余之忠情兮，反信谗而齌怒"。他明知道耿直是不能讨好的，但是他忍耐着痛苦而不肯抛弃这志愿。这时候，大家都相竞着争权夺利，宽恕自己而猜忌别人，钩心斗角地互相嫉妒。他们所追逐的，全不是他所贪图。他怕的是"老冉冉其将至兮，恐修名之不立"。他悲的是"民生之多艰兮，长太息以掩涕"。然而大家却造他的谣言，妒忌他的忠贞。他忧郁、不安，感觉到孤独，遭受着困穷。即使淹然死去而魂离魄散，也决不肯同乎流俗，屈节卑躬。他知道猛禽不和寻常的飞鸟同群，方不和圆互相通融，曲和直不能一概相量，这是"自前世而固然"。他"屈心而抑志兮，忍尤而攘诟；伏清白以死直兮，固前圣之所厚"。可见这时候他早已萌死志了。然而有时候他也很消极，他觉得他的路是根本走错的，打算要走回头路，趁这迷途还未走远。他不想再前进以遭受祸殃，要回家去修理旧服；没有人知也就算了，只要自己心里清白。忽然他又回过头来放开眼界，打算往四处去观光。女媭（屈原之姊或妾，当以妾为近似）在申申地骂他，责他为什么总要孤高而又洁癖，不与众同！他心里非常悲愤，渡了沅水和湘水向南去，想向重华（舜）表白他的心曲：荒淫的桀纣终于要亡，谨严的汤禹终于要兴，皇天是无私的，要看了有德行的才能帮助。他连连地叹息着又呜咽着，哀怜自己生不逢辰。他觉得现实的世界太丑恶了，于是幻想着"驷玉虬以乘鹥兮"，飘忽地御着长风向天上去旅行。这里他写下了一段美丽的神话。他在天空中观遍了四极，然后又回到下界来。他总觉得人世是"混浊而嫉贤兮，好蔽美而称恶"。而聪明的人主却又不悟，于是他一肚子的衷情无处可申诉。他心里又是狐疑不决，于是找来了灵草，"命灵氛为余占之"。灵氛告诉他：九州是很博大呢，何必一定要耽在这儿，还是努力着向四方去，不要再决不定了。然而他哪里能够！"欲从灵氛之吉占兮，心犹豫而狐疑"。想着另外一个神巫巫咸晚上要下凡了，于是再去占卜。巫咸告诉他，应该勉力到四方去跋涉，追求意气相投的同志。老耽在这儿只有被毁折而无益处。他想了又想，决定要四处去飘流，于是选定了吉日将要出发，预备到远方去离群索居。他想象着出发时和出发后的情况，幻想出许多美丽的景象。然而这想象他终于没有实现，临了他又幻想着在天空中看见了下界的故丘，他的御者生悲，马也不肯前进。他只好说：算了罢！"国无人莫吾知兮，又何怀乎故都"！还是死了去依那古代的彭咸来得好！

全文到这里完毕。彭咸是殷代的贤大夫，谏其君不听，自沉而死，所以后来屈原也终至投汨罗江自杀了。

我们读了这篇长诗，最惊奇的是他的那么丰富的想象力。譬如他描写天国，自然物的拟人化，都是超现实的。《诗经》中虽也有天堂的观念，但只是老老实实当做一件事实去叙述它，而一点也没有加进作者个人的想象。

《离骚》文学价值的高，这也是其一。至于它的音调和情绪之宛转而缠绵，当然也是极佳妙的。虽则它的组织方面，未必怎样有条有理，具有明晰的层次，但是它的一辞一句，都隽美可爱，秀丽若春园中的群花。

《离骚》是一件"个人文学"的作品，这里边有个人的情感，极浓厚的作者的个性和人格。如果你一定要用一件外国作品相比拟，那么，中世纪时，意大利但丁的《神曲》，或者有些近似罢。把但丁比屈原，把《神曲》比《离骚》，多少有相同之点：他们两位大诗人都是贵族出身，都是在政治活动失败之后，创造诗篇以寄悲愤，以泄情感。

屈原的著作，除了《离骚》以外，还有《九章》。《九章》本是不相连续的九篇东西，不知为什么给后人连合起来，并成一组，题一个总名叫《九章》。这九篇东西，并非作于一时，作风也极不相同；不过其大意，却和《离骚》相仿佛。现在把九篇东西，分述如下：

（一）《惜诵》——情调完全和《离骚》相同，当系同时的作品。《惜诵》就是用悼惜的心情来称述过去的事。

（二）《抽思》——情调也同《离骚》，写作的时间大约也和《惜诵》同时。有人说，这是在怀王时斥居汉北所作，也可说得通。

（三）《悲回风》——这篇有人说是"临绝之音"，也就是最后的作品。但也有人说是与《抽思》同时。这篇在《九章》里，可说是最好的作品：他用了许多双声、叠韵和重言的词，还有许多唇音的双声字，而且是三个字结合的联绵词，如"穆眇眇""莽芒芒""邈漫漫"……等。把双声和重言连合制成一词，在文学的技巧上是一个创格。

（四）《思美人》——是屈原再放时的第一篇作品，"思美人"是对君王的怀念，这个君王一说指楚怀王，一说指楚顷襄王。篇中讲到"遵江夏以娱忧"，是流放在湖北西南部地区所作，仍是写他自己的低徊犹豫。

（五）《哀郢》——是哀郢都，王夫之《楚辞通释》认为是白起攻破郢都时所作。篇中讲"出国门""发郢都""民离散"，当时屈原又回到郢都，在人民逃亡时，他也从郢都逃亡。联系自己的被流放，慨叹道："曼予目以流观兮，冀一反之何时！鸟飞反故乡兮，狐死必首丘。信非吾罪而弃逐兮，何日夜而忘之！"

（六）《涉江》——篇中讲渡江湘，上沅水，写他流放在沅湘一带。这也是很好的一篇，前半高亢，后半愁苦，越写到后面，情绪越愁苦，音节越迫促，急管繁弦，可歌可泣。

（七）《橘颂》——这篇主要是四字句，风格与《离骚》不同。篇中说："年岁虽少，可师长兮。行比伯夷，置以为像兮。"情调也与《离骚》不同。当是借橘颂来自比。

（八）《怀沙》——自来都说是屈原的绝笔，即不然，也总是距死不甚远了。他作此以抒愁愤，且决志要自杀了。

（九）《惜往日》——这篇有人认为是他真正的绝笔。篇中说"遂自忍而沉流""不毕辞而赴湘兮，恐壅君之不识"。想用自杀来唤醒君王。

《九章》中的句调，除《橘颂》《怀沙》外，均和《离骚》相同。

屈原的集子，现在早已无存了（《汉书·艺文志》著录《屈原赋二十五篇》，就是他原来的集子）。他的作品被保存在一部汉朝刘向编的《楚辞》的总集里，这部总集到后汉时，王逸又作了补充，就是现在传世的《楚辞》。这部《楚辞》里，被称为屈原的作品还有不少，其中有十一篇总名为《九歌》者，值得一提。这是所谓"骚体"这种新兴文学正式建立起来的第一篇。屈原受了它的影响而作《离骚》，所以很有人说是经过他的修改和润饰的。
这十一篇中，《东皇太乙》为"迎神之曲"，《礼魂》为"送神之曲"，
余九篇相传都为"礼神之曲"。其实细考起来，《湘君》《湘夫人》《大
司命》《少司命》《河伯》《山鬼》等六篇是楚地的民间恋歌。如

　　　　帝子降兮北渚，目眇眇兮愁予。袅袅兮秋风，
洞庭波兮木叶下。

　　　　　　　　　　　　　　　　　　——《湘夫人》

　　　　秋兰兮青青，绿叶兮紫茎。满堂兮美人，忽独
与余兮目成。入不言兮出不辞，乘回风兮载云旗。悲
莫悲兮生别离，乐莫乐兮新相知。

　　　　　　　　　　　　　　　　　　——《少司命》

　　　　若有人兮山之阿，被薜荔兮带女萝。既含睇兮
又宜笑，子慕余兮善窈窕。

　　　　　　　　　　　　　　　　　　——《山鬼》

　　像这一类词句，较之《诗经》中的国风，无论在技术上或
风格上都有显著的进步。其他如《云中君》《国殇》《东君》以
及《东皇太乙》和《礼魂》则为民间祭神祭鬼的歌。而《国殇》
这一篇，慷慨雄强，表现着南楚民族的热烈性格，在风格上和
别篇又有异点。总之《九歌》是一朵奇葩，不是寻常的凡草。
它的描写技术，或者清丽缠绵，或者幽窈奇幻，在文学史上的
价值是相当高的。

二

现在我们要来考察所谓"骚体"的形式问题了。

"骚体"的造句形式，除了一篇《天问》全是四言句外，其余可以概括成为三类：

（甲）六言句，奇句之末加"兮"字，句的中间，常用"以""而""与"之"乎""于"……等虚字。《离骚》是这样的。如下形：

$$\begin{cases} \Box\Box\Box○\Box\Box兮 \\ \Box\Box\Box○\Box\Box \end{cases}$$ （例）惟党人之偷乐兮

路幽昧以险隘

（乙）五言或六言句，"兮"字加在每句的中间。《九歌》是这样的。如下形：

（1）□□□兮□□　　　（例）帝子降兮北渚

（2）□□□兮□□□　　（例）洞庭波兮木叶下

（丙）四言句，偶句之末加"兮"字（唯《招魂》中则以"些"字代"兮"字，《大招》中以"只"字代"兮"字）以足四言，实为四三言句；或确为四言句，再加"兮"为五言。《橘颂》是这样的。如下形：

（1）□□□□ □□□兮　　（例）深固难徙 更壹志兮

（2）□□□□ □□□□兮（例）绿叶素荣 纷其可喜兮

不过这仅是大概的形式，其中很有些变例，唯不十分多。大概（乙）式是南方歌谣的原始形态，（甲）式是由（乙）式变化出来的，可以认为诗形的进步。（丙）式则北方形式（《诗经》）与南方形式之并合应用。

骚体的章法，同《诗经》不一样。《诗经》每首诗分成几章很清楚，《楚辞》一般不分章。像《离骚》和《九章》九篇以及《九歌》，每一首诗都没有分章。

押韵法，大概是隔句押韵的，以四句二韵为定则。每章四句，每句押韵的，也间或有之。

三

最后，让我们把上期所讲的《诗经》和收载《离骚》的《楚辞》，作一个简略的比较，以作结论。

（一）《诗经》是北方民族的文学作品，《楚辞》是南方民族的文学作品。北人性刚，南人性柔。北人的意识偏于现实，南人的思想近于浪漫。因之反映于文学上，亦显然发生了差异。

（二）《诗经》是周初到春秋时代的文学作品，《楚辞》是战国时代的文学作品。

（三）《诗经》多民间的作品，可说是民族全体的；《楚辞》多贵族的作品，仅是几个专家的。

（四）《诗经》的形式比较地整齐而篇幅短，《楚辞》的型式比较地参差而篇幅长。从整齐到参差，从短到长，都是文体的进化。

《楚辞》的选本有姜亮夫《屈原赋校注》，马茂元《楚辞选》，都是人民文学出版社本；陆侃如等的《楚辞选》，古典文学出版社本。《楚辞》的总结性的详尽注释，有游国恩的《离骚纂义》，中华书局本。汉朝人的注释有王逸《楚辞章句》，宋朝人的注释有洪兴祖《楚辞补助》、朱熹《楚辞集注》，清朝人的注释有王夫之《楚辞通释》等。

第三讲　又是一部诗歌总集
——《乐府诗集》

　　我写这个《讲话》，这次是第三次了，依时代说，应该讲先秦诸子。然而先秦诸子的价值在学术史上比之在文学史上胜过十倍，虽则在文学史上自然也少不了有它的一节，但本编只讲少数"文学名著"，就不列入了。再按文体说，接着"骚"，应该讲"赋"，"赋"是继承了"骚"而产生的。汉初贾谊的抒情的赋，是骚的继续。到枚乘的《七发》，才是汉赋的开创。"汉赋"在文学史上自有它相当的位置，它的体制是宏伟的，光彩是辉煌的，但是它的内容却是空虚的，结构是单纯的；找不出深挚的性灵和真实的美感。要说哪一篇"汉赋"是中国文学上的名著，几乎是不可能的。接续了"汉赋"的抒情小赋以及所谓"俳赋""律赋"等，莫不都是这样。因此，我在这讲话里，自当一律撇开不谈。

　　于是，我选定了"乐府"这个项目。

　　"乐府"是什么？最简单的一句话是："合于乐而可以歌唱的诗。"它的来源虽则很古，但不称为乐府。我们不必去研究。"乐府"这个名称的成立，是在汉武帝的时候。武帝设一个官衙，职掌是搜罗秦、楚、代、赵各地的民歌；又以李延年为协律都尉的官，并举司马相如等创作诗歌，由李延年去配合音乐。这个机关，名字就叫"乐府"，所以，"乐府"本是一个掌管民间俗乐的机关，犹之唐代的"教坊"。但到后来，大家把经过这个机关"协律"的诗歌，就统称之为"乐府"；亦有懂音乐的人自己创作几首合乐的诗，也就叫"乐府"。于是"乐府"一词变成为一切合乐而可以歌唱的诗歌之称；因此宋元人的词集曲集也有称之为"某某乐府"的了。在另一方面，则摹拟古乐府的作品，即使一点儿都不合于乐，也自称做"乐府"，唐朝的"新乐府"就是最好的例子。现在，我们归纳起来，"乐府"的涵义，有如下列：

（甲）创制的

　　（一）民间歌谣　⎫
　　（二）文人诗歌　⎬ 均须经音乐家配合音乐
　　（三）懂音乐的人自己创作合乐的歌

（乙）摹拟的

　　（一）袭用古乐府的标题及音乐者　⎫
　　（二）单用古乐府的音节而把标题改去者　⎬ 合乐的
　　（三）单用古乐府的标题而不用其音节者　⎫
　　（四）不用古乐府的标题音节而完全自制者　⎬ 不合乐的

然而今日，古乐的谱已尽失无余，怎样算合于乐，或不合于乐，一些儿也不知道了，所以我们还是一律视它们是一种诗歌就得了，合不合乐，只好不去管它。

网罗五代以前的乐府歌辞，最完备和赅博的，是宋朝郭茂倩所编的《乐府诗集》。这部书把历代的"乐府"分成十二类。这十二类的名字是：

（一）郊庙歌辞　（二）燕射歌辞　（三）鼓吹曲辞

（四）横吹曲辞　（五）相和歌辞　（六）清商曲辞

（七）舞曲歌辞　（八）琴曲歌辞　（九）杂曲歌辞

（十）近代曲辞（十一）杂歌谣辞（十二）新乐府辞

这十二类我们又可归纳成四大组：

（1）贵族特制的乐府——郊庙歌　燕射歌　舞曲

（2）外国输入的乐府——鼓吹曲　横吹曲

（3）民间采集的乐府——相和歌　清商曲　琴曲　杂曲

近代曲

（4）不合音律的乐府——杂歌谣　新乐府

现在我们依次来叙述。

一、郊庙歌辞

郊庙歌辞是祭祀天地、太庙、明堂、社稷的乐歌，相当于《诗经》中的"颂"，可以分为"郊"与"庙"两类。"郊"是祭神用的，"庙"是祭祖先用的。凡是一姓统一了天下，即了帝位以后，第一件事便是祷告天地，追崇祖先，所以祭祀的歌，没有不认为重要的。从两汉以后，当然每代都有制作。《乐府诗集》里收着汉朝《房中祠乐》（一名《安世房中歌》）十七章，《郊祀歌》十九章，和晋宋以后的因袭的作品不少，一共计有十二卷。《房中祠乐》是汉高祖的姬妾唐山夫人所作的祭"庙"的歌（房是古代宗庙陈设神主的地方）。《郊祀歌》是汉武帝时候祭"郊"所用的歌辞，内中有一部分大约就是司马相如的作品，其余有四首据说是邹阳作的，还有的却不知是谁作了。凡是祭歌，总是歌功颂德的空泛语极多，文学价值就不十分高。比较起来，《郊祀歌》中有几章还算好。至于它们的音节和字句，则显然受有《诗经》和《楚辞》的影响很大。

二 、燕射歌辞

燕射歌辞是专供宴会时用的，郭茂倩把它分为三种：第一种"燕飨乐"，天子宴享之乐，是"亲四方之宾"的。第二种"大射乐"，大射辟雍之乐，是"亲故旧朋友"的。第三种"食举乐"，天子食饮之乐，是"亲宗族兄弟"的。这三种的汉魏古辞都已亡失了，《乐府诗集》里所收的，只是两晋和南北朝的拟作而已，凡三卷。

三 、舞曲歌辞

舞曲是舞时所歌的曲。也分三种：一是"雅乐"，二是"杂舞"，三是"散舞"。"雅舞"是用于郊庙朝飨的，"杂舞"是用于宴会的，"散舞"则是俳优歌舞杂奏的。"雅舞"的汉代歌辞，现在全亡了，《乐府诗集》里只有后汉东平王所拟作的《武德舞歌诗》一首，和六朝时的几首。"杂舞"的古辞，仅存两首，然都是和声跟辞句杂写，意义不明，已经不能读了。"散乐"似乎是后代戏剧的雏形，汉辞之存者有《俳歌辞》一首，然也不易了解了。舞曲在《乐府诗集》中共五卷，它的文学价值实在也没有很高的地位。

我们总括一句话，这一组贵族特制的乐府，都不是精美高超的文学作品。

四、鼓吹曲

鼓吹曲和横吹曲都是外国输入的乐府。所谓外国输入，是说它们的音律不是中国所固有的，所用的乐器，如箫笳等类，也不是中国所有的。当然，不是说这些歌辞是外国人所作的。

鼓吹曲是从北狄输入的一种军乐，现存的有"短箫铙歌"十八首，输入之时代大约是汉初。鼓吹自从输入以后，即为贵族的重要点缀品。其应用有四种：一是朝会宴飨，二是道路从行，三是师有功，四是赐功臣。所以鼓吹曲可说是半贵族半平民的作品。"短箫铙歌"本有二十二曲，有四曲已亡了（只存其名），所以现存的是十八曲。这十八曲铙歌，可以分成四组（依陆侃如说）：

    1. 颂诗五曲 《上之回》是汉武帝的臣子歌颂他的武功。《上陵》是记祥瑞之事。《圣人出》是以圣人称天子。《临高台》祝君主的高寿。《远如期》也是祝高寿并颂扬武功。

    2. 情诗四曲 《思悲翁》《君马黄》都是北方男子怜爱美人的作品。《有所思》是北方女子失恋的作品。《上邪》则是北方女子向男子表深情的作品。

    3. 杂诗五曲 《艾如张》是写田猎之乐的。《战城南》是写战争的残酷。《翁离》是一首白描诗，写居住的高洁（闻一多说，疑祀神乐章）。《巫山高》是怀念故乡的作品。《将进酒》则是玩世的作品，主张饮酒放歌。

    4. 阙疑四曲 这十八曲中，字多讹误，且常有脱落，所以很有许多难以句读，无法了解的篇章。《朱鹭》《芳树》《雉子斑》《石流》这四曲，我们还是不要勉强去解释，作为阙疑罢。

就这十八曲的技巧方面说，颂诗似乎比较拙劣，情诗则情感非常热烈，和《诗经》的"温柔敦厚，怨而不怒"的主旨适相反背。他们描写男女爱情的坚牢，必须等到山上没有了陵，江中没有了水，冬天打雷，夏天下雪，天和地相合了时，他们方才决绝（我欲与君相知，长命无绝衰，山无陵，江水为竭，冬雷震震夏雨雪，天地合，乃敢与君绝！——《上邪》）。然而在他们既经决绝了以后，则她要把他送的东西，拉杂摧烧而扬其灰才罢（有所思，乃在大海南。何用问遗君？双珠玳瑁簪，用玉绍缭之。闻君有他心，拉杂摧烧之！摧烧之，当风扬其灰。从今以往，勿复相思！相思与君绝。……——《有所思》）。这种豪爽真挚的感情，正是北方人的特性。此外，《战城南》一曲代表人民厌战的呼声，也是千古绝唱：

> 战城南，死郭北，野死不葬乌可食。为我谓乌："且为客豪（豪，号哭也）。野死谅不葬，腐肉安能去子逃？"水深激激，蒲苇冥冥，枭骑战斗死，驽马徘徊鸣。梁筑室，何以南，何以北，禾黍不获君何食？愿为忠臣安可得？思子良臣，良臣诚可思，朝行出攻，暮不夜归！

这种想象，真可说是异想天开。战死者的肉，在荒野间不葬，腐肉怎能不为乌鸦所吃而逃走！说得何等沉痛。

古代的诗都是自由诗，字不限平仄，句不限字数，篇不限句数，句末又不限用韵。这种情形，"铙歌"尤为显明。

五、横吹曲

鼓吹曲输入后六十年，横吹曲也输入了。横吹曲起初也叫做"鼓吹"，在马上奏的，也是一种军乐。后来才分开，有箫笳者为"鼓吹"，有鼓角者为"横吹"。"横吹"的古辞都已亡了，只有后人的拟作。《乐府诗集》里另有"梁鼓角横吹曲"若干首，虽说是梁，实际都是北朝的作品。这些作品，在文学上自有相当的价值，内中有许多是描写战争的痛苦的，如：

> 男儿可怜虫，出门怀死忧。尸丧狭谷中，白骨无人收。　　　　　　　　　　　——《企喻歌辞》之四

> 兄在城中弟在外，弓无弦，箭无括，食粮乏尽若
> 为活！救我来！救我来！　　　　——《隔谷歌》
> 　慕容攀墙视，吴军无边岸。"我身分自当，枉杀
> 墙外汉。"　　　　　　　　——《慕容垂歌辞》之一

也有写飘零道路之苦的：

> 陇头流水，流离西下。念吾一身飘旷野。
> 西上陇陂，羊肠九回。山高谷深，不觉脚酸。
> 　　　　　　　　——《陇头流水歌辞》之一，二
> 　朝发欣城，暮宿陇头。寒不能语，舌卷入喉！
> 陇头流水，鸣声幽咽。遥望秦川，心肝断绝。
> 　　　　　　　　　　——《陇头歌辞》之一，二

写流浪人心境的，则甚悲壮：

> 憎马常苦瘦，剿儿常苦贫。黄禾起赢马，有钱始作人。
> 　　　　　　　　——《幽州马客吟歌辞》之一
> 可怜白鼻骝，相将入酒家。无钱但共饮，画地作交赊。
> 　　　　　　　　　——《高阳乐人歌》之一

也有写汉夷杂处的情景的：

> 遥看孟津河，杨柳郁婆娑。我是虏家儿，不解汉儿歌。
> 　　　　　　　　　——《折杨柳歌辞》之四

至于写儿女情爱的，则另具一种质朴的风味，直捷而粗率，

充满着北方的景色和风趣，如：

腹中愁不乐，愿作郎马鞭。出入摄郎臂，蹀座郎膝边。

——《折杨柳歌辞》之二

南山自言高，只与北山齐。女儿自言好，故入郎君怀。
郎著紫袴褶，女著彩袯裙。男女共燕游，黄花生后园。

——《幽州马客吟歌辞》之三，四

侧侧力力，念君无极。枕郎左臂，随郎转侧。

——《地驱乐歌辞》之三

还有一首可以说是北方乐府的最大杰作——《木兰诗》，也
是横吹曲之一。这首《木兰诗》是叙写木兰代父从军的故事，
可说人人传诵，妇孺皆知的了。就是诸位读者，也一定早在语
文课本上读到过的，因此在这里，我不再细细的说解了。这首
乐府的作者，异说纷纷，颇多揣测。笔者认为这是北朝的作品，
而经过了后来文人的润色与改削。

六、相和歌辞

现在，我们要讲从民间采集的乐府了，依次序，先讲相和歌。
《宋书·乐志》曰："丝竹更相和，执节者歌。""相和歌"的
命名，取义就在于此，意思就是说取丝竹相和而歌。至于所谓丝
竹是哪几种呢，据《古今乐录》说："凡相和，其乐器有笙、笛、
节鼓、琴、瑟、琵琶、筝七种。"

相和歌辞除已亡者外，现尚存在者，计七类。

第一类"相和曲"，当是相和歌的主体。存古辞的，有《江南》
《东光》《薤露》《蒿里》《鸡鸣》《乌生》《平陵东》《陌上桑》等曲。《江
南》是描写自然现象的好诗，能使读者发生一种清雅幽远的快感，

声调铿锵，是真正民歌的本色。其辞曰：

> 江南可采莲，莲叶何田田！鱼戏莲叶间：鱼戏莲
> 叶东，鱼戏莲叶西，鱼戏莲叶南，鱼戏莲叶北。

《薤露》《蒿里》两诗都是悲歌。《鸡鸣》一曲是讽时之作，虽则结构很松，仿佛首尾不相连贯的样子，然而有几句描写却很有声有色。《乌生》是假托乌的口吻，悲叹她的儿子给人家用弹打死，它的情调有些和《诗经》中的《鸱鸮》相似。《陌上桑》，一名《艳歌罗敷行》，是一首美妙的叙事歌曲。写一罗敷貌很美丽，有"使君"想夺她，她叙述她的丈夫如何合意，婉辞拒绝了。诗中描写罗敷的美，不从她本身写起，全用烘托法，就旁人为她而颠倒着笔，以显出她的艳丽来，真是描写美人的高手。

第二类"吟叹曲"是相和歌的支流，现在只存《王子乔》一曲，为魏晋乐所奏，是一首游仙诗，末段有祝寿之意，技术并不高明。

第三类"平调曲"，现存《长歌行》（三首）《君子行》《猛虎行》三曲。这几首都是五言的。技术以《长歌行》为最佳，第一首是民间的格言歌，勉少壮须努力的，"少壮不努力，老大徒伤悲"这两句就是本诗的原意。第二首也是游仙诗，第三首是游子思归的作品。《君子行》也是格言歌，说嫌疑当远之意，所谓"瓜田不纳履，李下不正冠"这两句，就在这首诗里。它的影响极大，势力非常普遍而长久。《猛虎行》是游子的哀怨之音。

第四类"清调曲"，现存《豫章行》《董逃行》《相逢行》《长安有狭斜行》四曲。《豫章行》《董逃行》都为晋乐所奏。前者已缺十三字，用白杨的口吻述他自己的遭遇，和《乌生》用乌的口吻相类似。后者叙述仙人，在同类作品中，技术算是比较好的了。

《相逢行》和《长安有狭斜行》两首辞意大致都相同，并且和相和歌里的《鸡鸣》也有相同的字句。这可以看到民歌蜕变的痕迹。

第五类"瑟调曲"，这里的好歌最多。今存者有《善哉行》《陇西行》《步出夏门行》《折杨柳行》《西门行》（三首）《东门行》（二首）《妇病行》《孤儿行》《雁门太守行》《双白鹄》《艳歌行》（二首）《上留田行》等十二曲（共十五首）。其中的《妇病行》和《孤儿行》都是民间的隽美的叙事歌曲，表现着最真切的凄苦的生活景况，描写深刻而婉曲，较之率直的作品，已经进步多多了。尤其是后者写哥嫂虐待孤儿的情景，沉痛异常，读之使人泪下。《双白鹄》可说是《楚辞》中"乐莫乐兮新相知，悲莫悲兮生别离"这意思的放大。《艳歌行》是借燕子来比喻兄弟的流落。

第六类"楚调曲"，现在只存"皑如山上雪"（二首）和《怨诗行》两曲。"皑如山上雪"就是有名的《白头吟》（相传为卓文君作，实则非是）。一首是本辞，另一首是晋乐所奏。本辞极简捷，是一首凄丽的绝妙好辞。《怨诗行》却是一首极平常的，叹生命短促应及时行乐的消极的作品，技术也不见十分高妙。

第七类"大曲"，现只存《满歌行》一曲，计二首，一首是本辞，另一首是晋乐所奏。本诗描写穷困的境遇，情调实和《怨诗行》等相同，唯辞句较深刻而悲凉，在"乐府"中可以自成一派。

七、清商曲辞

在所有的"乐府"里，最有文学价值的，我们可以说是清商曲辞。为什么叫做"清商曲"，其意义现在已经不能十分明白了。郭茂倩说："清商乐一曰清乐，其始即'相和'三调（平调、清调、瑟调）是也。"《魏书·乐志》有"瑟调以角为主，清调以商为主，平调以宫为主"的话，陆侃如先生据以猜想，"大约因为'清调以商为主'，便举一以概其余，故称'清商'。郑振铎先生把"清乐"

解释作不带音乐的歌曲，就是所谓"徒歌"。因为郭茂倩说："有因歌而造声者，若清商吴声诸曲，始皆徒歌，既而被之弦管是也。"其最大的证据是：

> 歌谣数百种，《子夜》最可怜。慷慨吐清音，明转出天然。丝竹发歌响，假器扬清音。不知歌谣妙，声势由口心。　　　　　——《大子夜歌》

这不是说，歌谣是不借丝竹，而出心脱口自然成妙音的吗？这是清商曲辞乃徒歌的最好证明。陆、郑两说实在都说得通，所以我这里并存着，供诸位参考。

"清商"这个名字，起于汉代。但在那时，似乎和"相和"混而为一，所以现在不能知道其详细了。到了晋代，这类歌曲大为发达，并且都是富于创作性的东西。因为古代的乐府歌辞，大部分是先有声调而后作歌的，清商曲辞则不然，它们是"因歌而造声的"，所以都有创造的性质，不是"规模前代"的东西。而且又全是南方的民间文艺。我们在讲《离骚》的时候曾经讲过，南人的思想近于浪漫，所以他们是富于创造精神的，思想行动都很爱自由，因此他们的作品都是充满着情感，缠绵宛转的。

在《乐府诗集》中，清商曲辞之最重要者，为"吴声歌曲"和"西曲歌"两种。

"吴声歌曲"当然是吴地的民歌，就是太湖流域的民歌。其中充满了美曼宛转的情调，清辞俊语，连篇不绝。其中最重要的是《子夜歌》。《乐府诗集》收《子夜歌》四十二首，《子夜四时歌》七十五首，又有《大子夜歌》二首，《子夜警歌》二首，《子夜变歌》三首，一共一百二十四首。《子夜歌》和《子夜四时歌》都题"晋、宋、齐辞"，据说《子夜歌》是晋朝一个女子名子夜者所作，"声过哀苦"，还有什么"鬼歌《子夜》"之说，这些话当然都不可靠，况所歌都是爱恋之语，亦并不过于哀苦。《乐府解题》谓："后人乃更为四时行乐之词，谓之《子夜四时歌》，又有《大子夜歌》《子夜警歌》《子夜变歌》，皆曲之变也。"其实这一百多首歌，决不是一时一人之作，大概都是一向流传在民间口头的歌谣（其中并杂有文人的拟作），由采集者写定罢了。也许连这些题目都不是原来所有，否则"恃爱如欲进"这一首，为什么既见于《子夜歌》四十二首中，又属于《子夜警歌》之内。可见这完全是采集者偶然疏忽所致。

这一百多首诗，几乎没有一首不是曼妙的佳歌，读之令人销魂醉心。现在我们选录几首在下面，以见一斑：

宿昔不梳头，丝发被两肩。婉伸郎膝上，何处不可怜。
揽枕北窗卧，郎来就侬嬉。小喜多唐突，相怜能几时？
夜长不得眠，明月何灼灼。想闻散唤声，虚应空中诺。

——《子夜歌》

春林花多媚，春鸟意多哀。春风复多情，吹我罗裳开。

——《子夜四时歌·春歌》

反复华簟上，屏帐了不施。郎君未可前，待我整容仪。

——《子夜四时歌·夏歌》

别在三阳初，望还九秋暮。恶见东流水，终年不西顾。

——《子夜四时歌·秋歌》

途涩无人行，冒寒往相觅。若不信侬时，但看雪上迹。

——《子夜四时歌·冬歌》

《大子夜歌》两首（见前），不啻是这全部《子夜歌》的总引子。我们读了这一百多首动人的恋歌，觉得只有深情旖旎，没有一点粗犷之气；只有绮思柔语，绝无半句下流的话。温柔敦厚，并不逊于《诗经》里的情诗；而宛曲奔放，竟可说胜过近代的"吴歌"。它的文学价值之高，就在这里。

《子夜歌》之外，存曲多而比较重要的，有《读曲歌》八十九首，《懊侬歌》十四首，《华山畿》二十五首。

《读曲歌》，历来有两种说法：《宋书·乐志》谓"民间为彭城王义康所作"，《古今乐录》则说："元嘉十七年袁后崩，百官不敢作声歌。或因酒宴，只窃声读曲细吟而已。"两说互异，但实际都不可靠。这八十九首《读曲歌》，也是民间歌谣，它们的题材和情调，跟《子夜歌》完全相同，不过写失恋的比较更多些。

> 思欢久，不爱独枝莲，只惜同心藕。
>
> 折杨柳，百鸟园林啼，道欢不离口。
>
> 逋发不可料，憔悴为谁睹？欲知相忆时，但看裙带缓几许。
>
> 忆欢不能食，徘徊三路间，因风觅消息。
>
> 怜欢敢唤名，念欢不呼字。连唤欢复欢，两誓不相弃。
>
> 打杀长鸣鸡，弹去乌臼鸟。愿得连冥不复曙，一年都一晓。

所不同的是形式方面。《读曲歌》除了多数是五言的四句外，也有五言三句组成的，也有以一句三言，两句或三句五言组成的，甚至杂有一二句七言的。所以有人疑心这八十九首原来不是一个曲调，而《读曲歌》这三字或者是一种"徒歌"的总称。

　　《懊侬歌》和《华山畿》也是跟《子夜歌》同类性质的作品，而形式则更近《读曲歌》。

　　《懊侬歌》，据《古今乐录》说："晋石崇绿珠所作，唯'丝布涩难缝'一曲而已，后皆隆安初民间讹谣之曲。"然而就是这一曲，似乎也仍是民谣，石崇绿珠所作未见得可靠。今略举几首如下：

　　　丝布涩难缝，令侬十指穿。黄牛细犊车，游戏出
孟津。

　　　江陵去扬州，三千三百里。已行一千三，所有
二千在。

　　　寡妇哭城颓，此情非虚假。

　　　相乐不相得，抱恨黄泉下。

　　　懊恼奈何许，夜闻家中论，不得侬与汝。

　　《华山畿》则有一段神话流传着，据说南朝宋时有一读书少年，从华山畿往云阳，见客舍中有一个十八九岁的女子，心里很爱好她，但是无法和她结识，因此生病了。他的母亲知道了一切时，特为赴华山去找那女子，告诉她一切。女子听了很感动，脱下"蔽膝"给他的母亲，请她偷偷的放在少年睡着的席下，病就会好的。母亲照她的话办理，病果然痊愈。后来他偶然发见了"蔽膝"，把它吞食到肚里去，便死了。临终时向他的母亲说，葬时，柩车必须要从华山经过。后来柩车到了女子的门前，驾车的牛不肯前进，无论如何打拍不动。女子出来叫他们等一会儿，她自己进去妆扮沐浴，再出来时，歌唱道：

　　　华山畿，君既为侬死，独活为谁施？欢若见怜时，

棺木为侬开。

棺材便应声而开，女遂入棺。家人无法使她再出来，乃合葬，叫它做神女冢（见《古今乐录》）。然而这二十五首的乐府里，却只有第一首和这故事有关，其余也都是跟前几种相同的恋歌，不过歌咏失恋的比较的多一些。今录四首如下：

> 懊恼不堪止，上床解要（腰）绳，自经屏风里。
> 啼著曙，泪落枕将浮，身沉被流去。
> 腹中如汤灌，肝肠寸寸断，教侬底聊赖。
> 夜相思，风吹窗帘动，言是所欢来。

此外，还有歌曲不少，我这里不一一列举了，只引《碧玉歌》三首（原五首）：

> 碧玉小家女，不敢攀贵德。感郎千金意，惭无倾城色。
> 碧玉小家女，不敢贵德攀。感郎意气重，遂得结金兰。
> 碧玉破瓜时，相为情颠倒。感郎不羞郎，回身就郎抱。

"西曲歌出于荆、郢、樊、邓之间，其声节送和，与吴歌亦异。"（《古今乐录》）因为是"荆楚西声"，所以叫做"西曲"。正当现在湖北省一带地方的歌曲。内中可以分为"舞歌"和"倚歌"两种。"舞歌"有《石城乐》《乌夜啼》《莫愁乐》等十六种，"倚歌"则有《青阳度》《女儿子》《来罗》等二十一种，内有三种已亡。"舞歌"，当然是伴舞而歌，据记载，"旧舞十六人，梁六人"。至于所谓"倚歌"，则大约是倚声而歌的意思，据记载，"凡倚歌，悉用铃鼓，无弦有吹"。

西曲歌的题材也是以恋爱为主，句法的结构和吴声歌曲也差不多。不过细细的比较起来，两者间自有不同的地方。现在把重要的几种叙述在下面：

（1）《石城乐》是石城（现在竟陵）地方的民歌，录两曲：

生长石城下，开窗对城楼。城中诸少年，出入见依投。
阳春百花生，摘插环髻前。捥指踏忘愁，相与及盛年。

（2）《乌夜啼》也有传说，但不甚可靠。辞凡八曲，今录两曲：

辞家远行去，侬欢独离居。此日无啼音，裂帛作
还书。可怜乌臼鸟，强言知天曙（天亮）。无故三更啼，
欢子冒暗去。

（3）《莫愁乐》，也是竟陵的民歌，据说"石城有女子名莫愁，善歌谣"。共两首，如下：

莫愁在何处，莫愁石城西。艇子打两桨，催送莫愁来。
闻欢下扬州，相送楚山头。探手抱腰看，江水断不流。

（4）《三洲歌》，据说是"商客数游巴陵三江口往还，因共作此歌"。其情景究与太湖流域的吴歌不同了：

送欢板桥湾，相待三山头。遥见千幅帆，知是逐风流。
风流不暂停，三山隐行舟。愿作比目鱼，随欢千里游。

（5）《采桑度》一名《采桑》，因"三洲曲"而生。作风比较的直捷得多，情绪已不是恋爱和相思所能范围，而是蚕家的生活和采桑女的呼吁了：

> 蚕生春三月，春桑正含绿。女儿采春桑，歌吹当春曲。
> 冶游采桑女，尽有芳春色。姿容应春媚，粉黛不加饰。
> 伪蚕化作茧，烂熳不成丝。徒劳无所获，养蚕特底为。

（6）《安东平》有五首，全是四言的四句，在南朝乐府中别具格调者：

> 凄凄烈烈，北风为雪。船道不通，步道断绝。
> 吴中细布，阔幅长度。我有一端，与郎作袴。
> 微物虽轻，拙手所作。馀有三丈，为郎别厝。
> 制为轻巾，以奉故人。不持作好，与郎拭尘。

（7）《孟珠》一曰《丹阳孟珠歌》，下面三首写得极绮靡秀丽：

> 阳春二三月，草与水同色。攀条摘香花，言是欢气息。
> 望欢四五年，实情将懊恼。愿得无人处，回身与郎抱。
> 将欢期三更，合冥欢如何？走马放苍鹰，飞驰赴郎期。

（8）《寿阳乐》，"按其歌辞，盖叙伤别望归之思"。句法也较为变动。下面的三首都是绝妙的佳作。

> 梁长曲水流，明如镜，双林与郎照。
> 辞家远行去，空为君，明知岁月驶。

夜相思，望不来。人乐我独愁！

以上八种，除了《孟珠》的第一首外，都是"舞歌"；以下再叙"倚歌"。

（9）《青阳度》，是《子夜歌》同类的作品。录一首：

青荷盖绿水，芙蓉披红鲜。下有并根藕，上生并头莲。

（10）《女儿子》共二曲，是七言的二句，又是一种格调，在西曲歌里很少见的。

巴东三峡猿鸣悲，夜鸣三声泪沾衣。

我欲上蜀蜀水难，踏蹀珂头腰环环。

第一首又见《水经注》引《宜都山水记》，谓为渔人之歌，盖"乐府"采前代的歌谣也。

（11）《杨叛儿》，本来是童谣。齐时童谣："杨婆儿……"语讹，遂变成"杨叛儿"了。录一首：

送郎乘艇子，不作遭风虑。横篙掷去桨，颠倒逐流去。

（12）《月节折杨柳歌》，按十二个月，每月一歌，又有闰月一歌。似为后世十二月等歌的最初的型式。兹抄录二首如下：

春风尚萧条，去故来入新，苦心非一朝。折杨柳，

愁思满腹中，历乱不可数。 ——《正月歌》

成闰暑与寒，春秋补小月，念子无时闲。折杨柳，

阴阳推我去，那得有定主。　　　　　　——《闰月歌》

　　清商曲辞中除了这两类吴歌楚歌外，尚有《神弦歌》十二种，和梁《雅歌》五种。《雅歌》像是格言，根本和清商曲不类，不知何以附入，且无文学价值，今略去不讲。《神弦歌》是民间的祭歌，所祀的是些什么神，我们已无从知道，从歌词上大约可以推测一二：

道君——花神　　　圣郎——酒神
白石郎——水神　　湖就姑——两个湖畔女神
明下童——骑马的童神

唯其中《青溪小姑曲》一首，有传说流存着。据说在南朝宋时，有赵文韶者，晚上步月，遇一女子，相与盘桓了一宵，她原来是青溪庙中的一个女神。这女神是吴时蒋钦（或他的儿子）的第三妹。《神弦歌》中的《青溪小姑曲》如下：

开门白水，侧近桥梁。小姑所居，独处无郎。

确是一首美妙的情歌。其他如：

积石如玉，列松如翠。郎艳独绝，世无其二。
　　　　　　　　　　　　　——《白石郎曲》
走马下前阪，石子弹马蹄。不惜弹马蹄，但惜马上儿。
　　　　　　　　　　　　　——《明下童曲》

都不失为好诗，和《楚辞》中的《九歌》是同性质的作品。

现在我们来讲一些清商曲中修辞法的几个特点：

（1）象征法　《子夜四时歌》中，《春歌》多借春风、春鸟、梅花、杨柳等，《夏歌》多借芙蓉、莲子、荷花、菊花等以叙欢乐之情。《秋歌》多借明月、白露、砧杵、鸿雁等，《冬歌》多借白雪、严霜、寒风、凝冰等以叙哀伤之情。这是诗的基本作法之一。

（2）重复格　重奏复沓，是民歌中一种自然的表现法。《诗经》中很多这类重复的句子，现在"清商曲"中，也可常常遇到。就前面所引的例中，《碧玉歌》《月节折杨柳歌》都是，其他当然还有。

（3）双关字　歌谣中，每喜用同音之字来作双关之用。就是说文字是这样，而意义却那样，借别个字的音，以显示他内含的意义。如《子夜歌》：

高山种芙蓉，复经黄蘖坞。果得一莲时，流离婴辛苦。
我念欢的的，子行由豫情。雾露隐芙蓉，见莲不分明。

这两首中的"芙蓉"即"夫容"（丈夫的容貌），"莲"即"怜"，都是双关字。此外如下列诸字都是：

桐——同	题——啼	碑——悲
药——约	藕——偶（配偶）	梅——媒
丝——思（相思）	星——心	篱——离

（4）两意语　这类是借一个字的另外一意义以喻原意。如《子夜歌》：

见娘喜容媚，愿得结金兰。空织无经纬，求匹理自难。

> 始欲识郎时，两心望如一。理丝入残机，何悟不成匹？

这两首中的"匹"字，似乎是指"布匹"，然而实际是应作"匹偶"解。又如《江陵女歌》：

> 雨从天上落，水从桥下流。拾得娘裙带，同心结两头。

这个"结"字，照字面看，似乎是"结裙带"，但实际是"结两个人的心"，又是"两意语"也。此外如下例：

> 关——关门之意借作关念。
> 消——消融之意借作消瘦。
> 亮——明亮之意借作原谅。
> 骨——飞龙的骨借作思妇的骨。

我们读了清商曲辞，再和鼓吹、横吹曲辞相比较，则南北文学的不同处，更可以得到一个进一步的概念了。

八、琴曲歌辞

"琴曲"是奏琴时所歌的曲，古时有五曲、九引、十二操及蔡邕所作的五弄等，但现在都已亡逸了。《乐府诗集》所载的，大半是根据《琴操》等书，但《琴操》根本是一部伪书，里边所收的都不是真作，所以琴曲歌辞这一部门，几乎全是些不可凭信的作品了。像唐尧的《神人畅》、虞舜的《思亲操》和《南风歌》、夏禹的《襄陵操》……等，谁会相信它们是真的呢！又如项羽的《力拔山操》，汉高祖的《大风起》，谁能证明其确为"琴曲"，恐怕仅是普通的歌而已。因此，我在这里把这类略去不谈了。

九、杂曲歌辞

所谓"杂曲"，就是不属于上列诸类的其他文人创作的乐府。郭茂倩曰："杂曲者，历代有之，或心志之所存，或情思之所感，或宴游欢乐之所发，或忧愁愤怨之所兴，或叙离别悲伤之怀，或言征战行役之苦，或缘于佛老，或出自夷虏，兼收备载，故总谓之杂曲。"他在《乐府诗集》里，收集此种作品，凡三类。一是"有古辞可考者"，二是"不见古辞而后人继有拟述，可以概见其义者"，三是后人创制的。共有十八卷之多，在全书中，和相和歌辞同为数量最多的两类。

在这十八卷的杂曲歌辞中，最有名的是一首题为《焦仲卿妻》的长诗。这首诗是我国古代诗史上最伟大的叙事诗，凡三百五十三句，一千七百六十五个字。确可算得是"古今第一首长诗"。题目或即用第一句诗作《孔雀东南飞》，叙的是一个家庭的悲剧，媳妇不堪其姑的虐待，终至投水自杀，丈夫也自缢于庭树，夫妇遂双双情死了。诗中描写夫妇情爱的浓厚，栩栩如生。全诗以对话为骨干，非对话的部分只占三分之一，大部是描写的句子。它把各个人物的面目——少年夫妇的缠绵悱恻，恶姑的凶蛮无理，妇兄的不辨恩义，媒人的利用权势，一一都逼真如绘，在乐府中是极少见的。这诗和《木兰诗》可说是乐府中的双璧。

至于它的写作年代，则各家意见很多。向来都认为汉末的作品，梁启超和陆侃如先生等则怀疑之，主张是六朝的作品；但是，根据它的原序说是"汉末建安中"发生的悲剧，"时人伤之，为诗云尔"的情况看，此诗应当成于汉末，因为民间乐府本来是在流传中不断丰富、润色的，所以诗中羼入一些汉以后的风俗习惯也很难免。

除了这一篇《焦仲卿妻》外，杂曲歌辞中还有好几篇"古辞"，大概是汉代的作品，有些近于"相和曲"，有些同"清商曲"。如《蜨蝶行》是一首很有趣的白描诗，叙蜻蜓与燕子的故事。《驱车上东门行》原是《古诗十九首》中之一首。《伤歌行》也像一首古诗。《悲歌》是一首游子思乡之诗。《前缓声歌》似是一首游仙诗。最富风趣的是一首《枯鱼过河泣》：

> 枯鱼过河泣，何时悔复及！作书与鲂鱮：相教慎出入！

这些都类于"相和曲"。他若《长干曲》：

> 逆浪故相邀，菱舟不怕摇。妾家扬子住，便弄广陵潮。

像"清商曲"的《吴声歌》。而一首《西洲曲》则像"清商曲"的《西曲》了。可见"杂曲"的确是非常杂的。

在杂曲歌辞中，"古辞"之外（为数极少），全都是文人的创作了。为了篇幅的关系，只好略去不谈。

十、近代曲辞

郭茂倩曰："近代曲者亦杂曲也，以其出于隋唐之世，故谓之近代曲也。"郭氏是宋朝人，就宋时言，隋唐是近代，但就现代论，"近代曲"和"杂曲"是二而一的东西。在《乐府诗集》里，近代曲辞凡四卷，一部分是属于"词"的范围内的作品，其余则是隋唐燕乐之曲。这里也不谈。

十一、杂谣歌辞

杂谣歌辞所录的是历世以来的歌谣，完全是徒歌，根本不合于乐的，所以有人不承认是乐府。共七卷，前四卷半是"歌"，后二卷半是"谣"。"歌"与"谣"的区别，大概是合乐叫歌，徒歌叫谣，这里所谓合乐，并不一定要管弦乐，要曲谱，只求合乎节奏（即拍子）就是了。击筑、击案、击竹、拍手都是合拍之道，所谓"鼓某""击某"者都是。还有所谓"曼声长歌"者，也可以证明歌声之长短原无一定，完全由于歌唱者自己喜欢那么长就那么长是了。

就文艺的价值说，"歌谣"完全是民间的文艺，是时代思潮和社会生活的表现。因为是徒歌，是可以自由歌唱的，所以都不经过文人的润饰：愈益显出它们的本来面目民间文艺的真来。在这七卷"杂谣歌辞"里，自有不少的佳作，并且颇多浅显如话的白话歌谣，我们随便举几首在下面：

> 一尺布，尚可缝；一斗粟，尚可舂；兄弟二人不相容。　　　　　　　　　　　　——《淮南王歌》
>
> 北方有佳人，绝世而独立，一顾倾人城，再顾倾人国。宁不知倾城与倾国，佳人难再得。
>
> 　　　　　　　　　　　　　　　　——《李延年歌》
>
> 敕勒川，阴山下，天似穹庐，笼盖四野。天苍苍，野茫茫，风吹草低见牛羊。　　　——《敕勒歌》
>
> 城中好高髻，四方高一尺。城中好广眉，四方且半额。城中好大袖，四方全匹帛。　　——《城中谣》

《敕勒歌》是北方鲜卑民族的民歌，是从鲜卑语译成汉文的。这歌很能表现出鲜卑民族的生活，尤其是最末一句，把北方原野的景象活画出来。

十二、新乐府辞

"新乐府者，皆唐世之新歌也。以其辞实乐府，而未常被于声，故曰新乐府也。"（郭茂倩语）既然"未常被于声"，实在不应该称作"乐府"。大概他们觉得"乐府"这诗体，很适宜于歌咏某种内容，于是借了这旧瓶，装他们的新酒了。

以前模拟古乐府者，题目和内容往往都因袭旧作，这风气始于汉末，盛于六朝，唐代的大家如李白，也还有这类拟作。到了杜甫，他毕竟不同，创作了许多新的乐府；后来元稹、白居易等便明白的高揭起反对拟古的旗帜，学着杜甫，大做起新乐府来。白氏所作，名叫"新乐府"，元氏所作，则名"新题乐府"。细读他们的作品，可以知道都具有下列的几个特点：

      （一）记当代实事

      （二）因事立题

      （三）旨在讽谕

      （四）词求通俗

      （五）声调求便于入乐（采余冠英说）

总之，这些都是配合着时代所要求的文学，它们的价值是相当高的。

在《乐府诗集》中，新乐府辞共十一卷，自以李杜元白四家为最著。李白集乐府之大成，他的意境极高超，制词极宏壮，声调极激越，所作无不纵恣酣畅，清丽飘逸。虽则他的风格极不一致，有很颓放的，有很飘逸的，有很美艳的，也有很沉痛的。他的代表作为《蜀道难》《战城南》《长干行》等（李杜的诗在《乐府诗集》里是被分置在各类中，而并不全在"新乐府辞"里）。杜甫的乐府诗取材不一，或讥刺时政，或记述丧乱，或悲怀社会，全都深沉精切，入木三分。并且事实都有来历，可以和正史相印证，所以极富时代精神。杰作为《哀江头》《兵车行》《丽人行》等。元白两人本是好朋友，他们目击当时的社会状况不良，藩镇割据，擅作威福，又受杜甫的影响，于是大事鼓吹新乐府，一时诗格为之大变。他们的作品流传极广，"二十年间，禁省观寺邮亭墙壁之上无不书，王公妾妇牛童马走之口无不道"（《白集序》）。两人的作品，白的影响尤为大。他和杜甫的作品也有不同处，杜比较着重于反映现实，白则在反映现实外点明作意。白一共有五十篇，"凡九千二百五十二言"，无不辞情激烈，富于时代精神。元作虽不及白之富，而讽刺时政，也极见苦心。并且两人同声，各以此而获罪，同遭贬谪。他们为民众代鸣冤抑不平之气，真是了不得啊！

此外若元结、皮日休等也有不少，只好一概不谈了。

乐府诗的选本有余冠英《乐府诗选》，黄节《汉魏乐府风笺》，都是人民文学出版社本。《乐府诗集》附校记及人名篇名索引，是中华书局本，都是各有特色的读本。

第四讲 从《古诗源》到《唐诗三百首》

我在这一讲的开始，先要谈一下中国诗体的变迁和种类。

我们从前面几讲里已经知道《诗经》中的诗主要是四言的，而《楚辞》中的骚赋，辞句是不规则的。到了汉朝，产生了五言的歌谣。五言的歌谣为文人所采用，创作了五言诗。五言诗到东汉后期产生了《古诗十九首》，已经很成熟了，魏晋间已经大盛了。七言诗像汉武帝时的柏梁台联句，是后人伪托，不可信。三国时曹丕已写了七言诗，到唐朝才极盛。至于五言和七言所以能代替了旧的形式，一跃而为中国二千年来诗坛上的正宗歌体，是因为它们具有音节和韵律上的优越条件，适者生存，便把其他形式淘汰了。

这一讲所要说的，就是五七言诗最盛期的中国诗篇。

复次，我们再就诗的体制方面加以探讨。

古代的诗，格律都不甚谨严，到了齐梁时候，作者渐渐注重声律，经过了多时的酝酿，到唐朝遂有所谓"律诗"。为别于向来的诗体起见，当时人称这种律诗为"近体诗"或"今体诗"，同时叫向来的诗为"古体诗"。但就今日讲，"古体"固然已很古，而"近体"也不近了。现在我们再分开来详加解说。

所谓"古体诗",包括"古诗"和"乐府"两种而言。"乐府"是指合于音乐可以歌唱的诗,我们已在前一讲里讲过了。其不可歌唱的徒诗,后世称之为"古诗"。

古诗的格式,从无定规。字数大概以五言和七言的为最普通,间或也有杂言和长短句的。它和"乐府"的区别,在今日已不易划分清楚了,因为我们现在没有法子知道怎样叫做"合乐"或"不合乐"。除了音乐的关系外,从前人也有从内容方面,声调方面,字句方面或描写的手法方面立论,以判别它们相异之点的。然而这些都是不切事实,极其武断的话。所以我们在今日,不妨视两者为一体了。

至于古体和今体的区别,那就显著得多了,概括的说起来,可以分为三项:第一是句法的不同。近体诗平仄很严,不能乱用,古体则否。因为四声的发明者是齐梁之际的周颙和沈约,在他们以前,还没有四声的分别,当然不能分平仄,就是到了沈约,还没有分平仄,他只提"若前有浮声,则后须切响"。平仄的分别当在初唐。清代王士禛虽有《古诗平仄论》之作,翁方纲又和之,那是后人探讨古诗音律之作,可能适用于一部分古诗,不能概括所有的古诗,赵执信和袁枚等早已驳斥过,所以不足为凭。第二是篇法的不同。近体诗的每篇大概限于四句或八句,古体却没有一定,最短是二十字(即五言的四句),长则可自数百字至千余字。它的构成和散文相仿佛,是逐节发展的。第三是用韵法的不同,这又可分四项来说明:

(一)近体诗概用平声韵,古体则不限于平韵,也可用仄韵。

(二)近体诗押韵是一韵到底,一首诗中不准换韵的,古体诗则不然,可以转韵。转韵的形式以四句一转为最通常,但也有六句或八句或十二句一转的,并且间或也有二句或三句一转的。转韵的目的在尽变化之妙，所以转韵的方法，以平韵和仄韵交互使用为最适宜，这样则一扬一抑，节奏就生出变化来了。

（三）近体诗中一个押韵的字不可重押第二次，古体诗中没有这限制，往往一个字可以再三重押。

（四）近体诗用韵的句子有一定，古体诗则普通两句一押，但也有每句押韵的，惟究竟是少数而已。

近体诗有"律诗""绝诗"和"排律"三种。

在六朝之后，诗和散文都趋向于骈偶，文有"四六文"，赋有"律赋"，诗也因为自然的趋势而产生了"律诗"。"律诗"的完成时期固然是唐初，然而在六朝时候，早已有许多具有"律诗"规模的作品了。"律诗"的律字，可以作法律解，也可作音律解，更可作纪律解。总之，律诗是一种极有规律的诗体，它在排比方面以及声韵方面都有严密的限制。它的规律究竟是怎样的呢？我们可以分三方面来讲：

（一）篇法。律诗无论是五言或七言，每首限定是八句，每两句称一联，全诗一共是四联，依次名叫"起联""颔联""颈联""尾联"。颔颈的两联在形式上都必须骈偶的，就是第三句和第四句相对，第五句和第六句相对。而在内容上，则全诗的精采必在这两联上发挥，所以作者必须竭尽技巧于这两联间。

（二）句法。律诗每句中的平仄调配，有一定的规律，主要是第二四六七字的平仄有一定，于是俗有"一三五不论，二四六分明"之说，就是说七言律的第一、三、五三个字可以变更平仄，第二、四、六三个字不能变更，第七字也不能变更。五律可依此类推。

（三）韵法。律诗用韵之字有固定，不能变更，且以平韵为原则。一个已经用过的韵脚，绝对不允许再用第二次（甚至一个已经用过的字也不宜复用，但也有例外）。

现在我把律诗通常所用的格式，列举如下（字下有黑点的，平仄和定格不符）：

（一）五律正格（仄起）

　　仄仄平平仄　平平仄仄平（韵）
　　平平平仄仄　仄仄仄平平（韵）
　　仄仄平平仄　平平仄仄平（韵）
　　平平平仄仄　仄仄仄平平（韵）

（例）**春望**（杜甫）

　　国破山河在，城春草木深。
　　感时花溅泪，恨别鸟惊心。
　　烽火连三月，家书抵万金。
　　白头搔更短，浑欲不胜簪。

（二）五律偏格（平起）

　　平平平仄仄　仄仄仄平平（韵）
　　仄仄平平仄　平平仄仄平（韵）
　　平平平仄仄　仄仄仄平平（韵）
　　仄仄平平仄　平平仄仄平（韵）

（例）**送友人**（李白）

　　青山横北郭，白水绕东城。
　　此地一为别，孤蓬万里征。
　　浮云游子意，落日故人情。
　　挥手自兹去，萧萧班马鸣。

（三）七律正格（平起）

　　平平仄仄仄平平（韵）　仄仄平平仄仄平（韵）

　　仄仄平平平仄仄　　　　平平仄仄仄平平（韵）

　　平平仄仄平平仄　　　　仄仄平平仄仄平（韵）

　　仄仄平平平仄仄　　　　平平仄仄仄平平（韵）

（例）**长沙过贾谊宅**（刘长卿）

　　三年谪宦此栖迟，万古惟留楚客悲。

　　秋草独寻人去后，寒林空见日斜时。

　　汉文有道恩犹薄，湘水无情吊岂知！

　　寂寂江山摇落处，怜君何事到天涯！

（四）七律偏格（仄起）

　　仄仄平平仄仄平（韵）　平平仄仄仄平平（韵）

　　平平仄仄平平仄　　　　仄仄平平仄仄平（韵）

　　仄仄平平平仄仄　　　　平平仄仄仄平平（韵）

　　平平仄仄平平仄　　　　仄仄平平仄仄平（韵）

（例）**登柳州城楼寄漳汀封连四州刺史**（柳宗元）

　　城上高楼接大荒，海天愁思正茫茫。

　　惊风乱飐芙蓉水，密雨斜侵薜荔墙。

　　岭树重遮千里目，江流曲似九回肠。

　　共来百越文身地，犹是音书滞一乡。

我们把五律的格式和七律的比较起来，知道两者间有这样的
不同：

　　（一）五律以仄起为正格，七律以平起为正格。（所谓仄起
和平起，是以第一句第二个字的平仄为标准，因为第一个字有
变更的可能。）

　　（二）五律的首句通常不押韵，七律的首句通常须押韵。

（三）律诗都以每四句为一周期，八句即两周期，后四句和前四句因此平仄相同（如果把平起和仄起相比较，则更可发现有趣的变化，知道所谓格式，并不怎么复杂的）。惟七律因为首句须押韵，故句中的第五字和第七字对调。这样一解释，就可明白七律仍是两周期。

所谓"排律"者，就是律诗的延长，只须加多几个周期就是了，长短无限制。首尾两联不必对偶，中央的则否，换句话说，排律就是把律诗的腹部拉长。排律因受律诗规律的束缚，不能像古诗的容易生动；又因腹部膨大，更不能像八句律诗的紧凑。因此它的成就也受限制了。

"绝诗"或称"绝句"，是比律诗更简单的一种诗体。全诗只四句，不一定要骈偶，押韵之句或两句或三句都可，格律似乎比律诗宽得多了。五绝的正格如下：

（一）平起　　　平平仄仄平（韵）　仄仄仄平平（韵）

　　　　　　　　仄仄平平仄　　　　平平仄仄平（韵）

（二）仄起　　　仄仄仄平平（韵）　平平仄仄平（韵）

　　　　　　　　平平平仄仄　　　　仄仄仄平平（韵）

其偏格就是两种五律的一个周期。七绝的正格就是前举七律两种格式的第一周期，而偏格则是第二周期。所以五绝和七绝的格式各有四种——两正两偏。

"绝诗"两字的意义，因为古来的说明无定论，所以不易明白了。有人以为绝为"妙绝"之绝，有人以为绝句是"句绝意不绝"的意思，还有人以为绝句是"一句一绝，句句不联"

的意思——这些都不足凭，不能从他们。最普通的一种解释为绝句即截句，从律诗截取四句之意（四句都对偶是截中四句，四句都不对偶是截首尾四句，后二句对偶是截前四句，前二句对偶是截后四句）。就形式论，似乎很讲得通，无奈他蔑视了诗体发展的过程，实际是一样的不合理。所以我们对于绝诗的取义，还不如付之"阙疑"来得妥当。

律诗是从古诗渐变，注重对偶、声调等而形成的。绝诗则是原出乐府，南朝的《子夜歌》等清商曲辞，多的是五言四句的型式，由此再加上了音律的影响，于是绝诗便在这样的情形下和律诗差不多同时完成了。

关于古今体诗的分别、种类、格律等已经讲过了，于是我们再进入本题。

《古诗源》是一部古体诗选，清朝沈德潜所编，他原意在追溯唐诗之源，所以书名叫《古诗源》。从纵的方面讲，他从古书中选出《诗经》以外的"古逸"诗一卷，又选汉诗三卷，魏诗二卷，晋诗三卷，南朝诗四卷半，而把北朝诗和隋诗附于最后，也得半卷，一共是十四卷。从横的方面讲，则这十四卷中，包含着古体诗的两翼——古诗和乐府。

"乐府"，我们已经在上一讲里讲过了，这里不妨从略，专就古诗来说。

西汉本来不是产诗的时代，因为诗一到了汉，它的注重点离开了实际的人生而倾向于文字的典雅，并且又不复是独立的艺术品，而成为歌功颂德或劝惩讽谏的应用工具，所以西汉没有伟大的诗人出现。东汉就不同了，其时五言诗已经逐渐成熟，诗界颇呈生气，若班固、张衡和蔡邕父女都是大诗人，而蔡琰（蔡邕的女儿）的《悲愤诗》尤为著名。

到了三国，则以曹操、曹丕、曹植父子兄弟为中心，"建安七子"（孔融、陈琳、王粲、徐幹、阮瑀、应玚、刘桢）为羽翼，在诗坛上一时极为绚烂。其中尤以曹植之天才为高，隐然是领袖。

入于晋代，诗坛又归平淡，及至东晋晚年，陶潜出来，中国诗史上才又照射着光芒。陶氏是千古一大诗人，他的诗可分为冲淡和悲愤两类，而影响于后来最大的是冲淡这一类。他的田园寄兴之作是自然主义哲学的绝好代表。他把建安以后一切辞赋化、骈偶化、古典化的恶习一扫而净。我们读他的诗，只觉得其意境深远无涯，绝非一览无余之作。这里举二首为例：

结庐在人境，而无车马喧。问君何能尔，心远地自偏。
采菊东篱下，悠然见南山。山气日夕佳，飞鸟相与还。
此中有真意，欲辨已忘言。

——《饮酒》之四

种豆南山下，草盛豆苗稀。晨兴理荒秽，带月荷锄归。
道狭草木长，夕露沾我衣。衣沾不足惜，但使愿无违。

——《归园田居》之三

刘宋时先以颜（延之）谢（灵运）称雄，继起有鲍照，诗甚遒丽，"善制形容写物之词"（《诗品》语），杜甫称为"俊逸鲍参军"的就是他。

到了齐梁之间，声律的讲求日益进步，诗体于是突起变化，沈约、谢朓他们所作，世称"永明文学"，就是后来律诗的原始形态。

陈隋年代极短，徐陵和庾信是这时候的诗人。北朝文学，远不及南方，著名的诗人都是南方人而被留在北方者。

我们把《古诗源》一卷一卷顺次的读下去，便可以鸟瞰出中国诗体怎样从古朴到华丽，从自由到格律之渐渐地蜕变之迹了。

《唐诗三百首》是继续着《古诗源》的一部诗选。这是一部非常通俗的选本，通俗到不入任何藏书家之手，似乎任何一位收藏家收藏了这本书，便有损他高贵的尊严。然而它所收的诗，几乎尽是晶莹圆润的珠玉，绝没有鱼目砆石混杂其间。

这部书编成于清代中叶乾隆年间，编选者蘅塘退士，即孙洙，江苏无锡人，乾隆十六年进士。入选的诗虽只三百余首，不免太少一些，却因此更显出它的精炼来。就时代方面说，这三百余首都是经过一千多年淘汰的名作，已是历代公认的好诗了。他所选的又以明白易解者为主，所以更适合中学程度者的阅读。

这部书计收五言古诗三十三首，乐府七首；七言古诗二十八首，乐府十六首；五言律诗八十首，七言律诗五十三首，乐府一首；五言绝句二十九首，乐府八首；七言绝句五十一首，乐府九首：共三百十五首。他把乐府分隶于古、律、绝之后，这是不合理的。五言古和七言古数量差不多，五言律比七言律多，七言绝比五言绝多，这可以反映出在唐代五律和七绝这两种诗体的特盛。

唐朝是诗的极盛时代，三百年间的唐诗，通常分做四期。从高祖元年到玄宗开元初，约百年间，称为"初唐"。初唐的诗，还是受齐梁的影响，题材多半是艳情的，声调是极谐协的，对偶是极工整的。到了沈佺期和宋之问的手里，律诗的格式算是正式确立了。王勃、杨炯、卢照邻、骆宾王四人，他们的歌行受齐梁派的影响，被称为"初唐四杰"。在《唐诗三百首》中，初唐的作家，选得不多，一共不到十家。这里引录一首以作例子：

> 海上生明月，天涯共此时。情人怨遥夜，竟夕起相思。
> 灭烛怜光满，披衣觉露滋。不堪盈手赠，还寝梦佳期。
>
> ——张九龄《望月怀远》

从开元到代宗大历初，五十余年间为"盛唐"这是唐诗的极盛时期。初唐的诗，还受齐梁体影响，独有一陈子昂，主张汉魏风骨，扩大诗的境界，可惜他成就不多便死了。到了盛唐时，李白提倡风雅，杜甫努力创新，都是继承陈子昂的遗志，诗界的革命者。李白被称为诗仙，杜甫被称为诗圣，都是中国诗史上有数的人物。他们的作品，有新的风格和新的内容。李诗超脱人生，迹近浪漫；风格高旷飘逸，有南人的气质。杜诗接近社会，完全写实；风格雄浑阔大，有北人的魄力。李白主要的成就为七言乐府和绝句，杜甫则各体都有创作，尤其是律诗。本书选李诗二十九首，七古和乐府共九首，在各体中为最多。他的《下江陵》一诗，有人以为唐代七绝的最佳之作，录如下：

> 朝辞白帝彩云间，千里江陵一日还。
> 两岸猿声啼不住，轻舟已过万重山。

杜诗被选三十六首，五七律最多，各占十首。他的律诗，上文已引过，这里不再引了。此外，王维、孟浩然长于写景物，岑参、高适工边塞诗，王昌龄、王之涣也负盛名。本书选王维诗三十首，五律最多。他选词造句都自出心裁，他写山水，苏

东坡说他"诗中有画",并非过誉。他的《渭城曲》,也有人说是唐代七绝最佳之作:

> 渭城朝雨浥轻尘,客舍青青柳色新。
> 劝君更尽一杯酒,西出阳关无故人。

王昌龄、王之涣都有一首《出塞》,都是名作:

> 秦时明月汉时关,万里长征人未还。
> 但使龙城飞将在,不教胡马渡阴山。　——王昌龄

> 黄河远上白云间,一片孤城万仞山。
> 羌笛何须怨杨柳,春风不度玉门关。　——王之涣

王之涣还有一首《登鹳雀楼》,亦极佳:

> 白日依山尽,黄河入海流。
> 欲穷千里目,更上一层楼。

孟浩然诗被选十五首,也是五律最多,他专工五言,五言的各体都擅场。录一首:

> 故人具鸡黍,邀我至田家。绿树村边合,青山郭外斜。
> 开轩面场圃,把酒话桑麻。待到重阳日,还来就菊花。
> 　　　　　　　　　　　　　　　——《过故人庄》

盛唐之后为中唐，当从大历到文宗大和九年七十余年间。这时的诗，气象和魄力已没有盛唐时的阔大和雄厚了。大作家有韦应物、柳宗元、刘长卿、韩愈、孟郊、贾岛、元稹、白居易等。

韦应物诗选入的有十二首，五古最多。他的诗近陶渊明，极冲淡之至。他的《郡斋雨中与诸文士燕集》云：

兵卫森画戟，宴寝凝清香。海上风雨至，逍遥池阁凉。
烦疴近消散，嘉宾复满堂。自惭居处崇，未睹斯民康。
理会是非遣，性达形迹忘。鲜肥属时禁，蔬果幸见尝。
俯饮一杯酒，仰聆金玉章。神欢体自轻，意欲凌风翔。
吴中盛文史，群彦今汪洋。方知大藩地，岂曰财赋强。

开首四句，昔人有推为一代绝唱者，为的是气象肃穆也。柳宗元也以五古胜。刘长卿被选十一首，五律最胜，组织精密整炼，当时推为"五言长城"。这里引一首《寻南溪常道士》：

一路经行处，莓苔见屐痕。白云依静渚，芳草闭闲门。
过雨看松色，随山到水源。溪花与禅意，相对亦忘言。

古文家韩愈，使诗走向散文化的路，倔强生硬，另有一种风格。孟郊是一位寒苦的诗人，人家称之为"郊寒"，同时贾岛的诗刻苦而瘦硬，于是称为"岛瘦"。"郊寒""岛瘦"是一时并称的。元稹、白居易的成就在新乐府，已于上一讲讲过，白的古诗也是很名贵的，如《长恨歌》《琵琶行》等都是，后人都把它们衍为戏剧。他的诗明白如话，老妪都解，是一大特点。我们在这里引一首最短的绝句，以见一斑：

绿蚁新醅酒，红泥小火炉。

晚来天欲雪，能饮一杯无？　　　　——《问刘十九》

中唐之后直到唐末八十余年间为晚唐。晚唐诗人以技巧和工丽为他们的信条，题材又回到初唐的路上去，杜牧、李商隐、温庭筠是代表人物。杜牧人称"小杜"，以别于"老杜"（杜甫）。他的诗以词采胜，豪放之余，不失深秀，尤其以七绝为最多好作品，本书选他的诗十首，七绝倒有九首之多。《泊秦淮》一首也是被推为最佳之作：

烟笼寒水月笼沙，夜泊秦淮近酒家。

商女不知亡国恨，隔江犹唱后庭花。

李商隐和温庭筠的风华尤为茂丽，但并不踟蹰在绮靡的小圈子里。李学杜学韩，境界更比温来得广阔，不过他的诗典故特别多，辞句因而幽晦僻涩，读之很难了解。本书选他的诗二十四首，七律最多，七绝为次。现在录他七绝中著名的一首《寄令狐郎中》于下：

嵩云秦树久离居，双鲤迢迢一纸书。

休问梁园旧宾客，茂陵秋雨病相如。

从前有一句谚语，"熟读《唐诗三百首》，不会吟诗也会吟"。这句话说得真不错，我们在现代，固然不必得再去学做旧体诗，但欣赏吟味却是要的。我们把"吟咏"的吟解释作"吟味"的吟，这句话仍旧对我们是有用的。

《古诗源》和陈婉俊补注《唐诗三百首》、喻守真的《唐诗三百首详析》，均有中华书局本。金性尧的《唐诗三百首新注》,有上海古籍出版社本。唐诗的选注本有马茂元的《唐诗选》、中国社会科学院文学研究所的《唐诗选》，人民文学出版社本，还有一种北京人民出版社本。清沈德潜《唐诗别裁》，有中华书局影印本和古籍出版社排印本，都可参看。

第五讲　中国小说史上的最初成就

——《唐人小说》

　　我在这讲话里已经连讲了四次诗了，仿佛中国文学只有诗这一体文字似的。不！当然不是的！我们今天就换一个方面来讲，讲小说罢。

　　中国之有小说，说夸张一点，周秦诸子里已有了，而六朝时候的鬼神志怪之书，和专记人间琐事隽谈的集子，更多流传到现在。然而严格的说起来，其中只有极少数是小说。真正的小说，而且有意写作小说，应当从唐朝开始，这就是传奇文。传奇文可以说是文言作的短篇小说。

　　唐朝初年，中国文学史上起了一个大运动，就是"古文运动"，这运动对于魏晋六朝以来的骈俪文，是一个革命。从六朝以来，文字日趋骈偶，不切于应用，于是古文运动者要一反旧法，以比较自然的散文的格调代替这种作风。结果，这革命是成功了，唐朝的古文逐渐流行，而传奇文则正是这个运动的一支附庸。因为骈俪文斤斤于形式——音律和对偶，于是忽略了内容，要想注重于叙事状物，写得生动逼真，骈俪文是难于办到的。朴质无华的古文恰正和骈俪文相反，它具备了适宜的条件。所以传奇文便采取了这形式，以便尽量的发挥它的效能。

这也可说是"内容决定形式"这铁律的一个有力的例证。

"传奇"这两个字的来历是怎样的？唐朝末年，有一个叫裴铏的，著了三卷短篇故事集，书名《传奇》，宋朝人因范仲淹的《岳阳楼记》一文，铺张描写，把自然现象作具体的形容，而感发悲喜的情态，讥之为"传奇体"，实在含有贬抑的意思。后来把凡是类于裴著《传奇》的短篇小说一律称做"传奇"。于是"传奇"两字由书名转为文体名，由专门名词转为普通名词，它的意义也确定了。

唐代的传奇文，大部都保存在宋初所编的《太平广记》一书内。近人把这些文字加以选集和标点的,以下列三书为最善：

（一）《中国短篇小说集》（第一集） 郑振铎编　商务印书馆出版

（二）《唐宋传奇集》 鲁迅编 《鲁迅全集》本

（三）《唐人小说》 汪辟疆编　上海古籍出版社出版

这三本书，汪编《唐人小说》最后出，所选作品最多，每篇都有"按语"和"附录"，所以最为完备。

唐代的传奇文，以大历、元和时为最盛。当它还没有兴起之前，隋末唐初的时候，有几篇东西出现，正好是介乎六朝故事集和唐人传奇文之间的作品，我们可以认为这是故事集的结束，而又是传奇文的先驱者。

最早的一篇是隋王度做的《古镜记》。王度是哲学家王通的弟弟，诗人王绩的哥哥。所谓古镜，实在是一面能降鬼魔的神镜。本篇先叙他得镜的由来，继叙古镜驱妖的功绩，末叙他弟弟远游，以镜自卫，结果在各地杀除了不少怪物。最后他说，有一天镜在"匣中悲鸣，其声纤远，俄而渐大，若龙虎咆吼，良久乃定。开匣视之，即失镜矣"。文中所叙古镜的功绩，一共有九件事情，这些原来都是六朝志怪书中的老文章，但作者借一古镜，把这些故事连贯起来，成为一个整篇，一个新的型式，后来许多佳妙的传奇文就是这型式的进化。

差不多在同一时代，还有一篇题为《补江总白猿传》的，不知何人所作。这篇不再是许多故事的集合体，而是一个单篇，只含一个故事，文字也有描写的辞句，并不是单纯的记事。故事说梁将欧阳纥的妻为白猿所劫夺，等到救出来后，她已经有孕了，一年后，生一个儿子，面貌很像猴子。后来欧阳纥为陈武帝所杀，他的儿子欧阳询，为纥的好友江总留养着，因此得免于难。欧阳询是唐朝有名的书家，就是所谓"欧字"的写作者，据说他的脸有类猴子。大约就因这缘故，和他有隙的便造作此传以玩弄他。这故事到了后来，影响极大，宋元间有《陈巡检梅岭失妻记》话本和戏文，明瞿佑的《剪灯新话》一书中有《申阳洞记》一篇，都是这故事的衍变。而最富趣味的则是这故事和印度有名的传说也有类似的地方，因此有人推论中国的小说戏曲，有很多是受印度的影响的。

武后时，文人张鷟有《游仙窟》之作，这是一篇最初的恋爱故事，叙他自己奉使河源，迷入一个神仙之窟，受两个女子十娘五娘的款待，宴饮笑谑，过了一夜而去。据说作者的姿容相当美秀，好色多情，这篇文章是做给武则天看的，借此以通情愫。文章近乎骈俪，又杂以诗歌和通俗的鄙语（双关语、拆字诗等），这种文体在后来影响不小，然而这篇文章在中国早经佚失，保留在日本，到清末再从日本传回来。本文在日本的影响也极大。

这三篇以后，开元天宝时代，诗歌虽极兴盛，但传奇文则很冷落，直到大历的时候，传奇的作者才一个个的多起来。现在我们所能看到的作品，虽有数百篇之多，但具有文学价值的亦不过四五十篇而已，这些都可在上列三个选本里见到。现在我把尤其著名的十几篇解说一下。并照一般的分类法，把它们分做神怪、恋爱、剑侠三类。

（一）神怪类

这一类的题材无非是神仙、妖异、释道之类，它们的作者承六朝志怪故事之后，创作传奇。最早的就是《古镜记》《补江总白猿传》两篇。到了大历中，沈既济是第一个努力于传奇的写作者。

沈既济，苏州人，《新唐书》有传，所作传奇有《枕中记》和《任氏传》。《枕中记》极有名，叙少年卢生得到了道士吕翁的一个枕头，枕之而梦幻到五十年间的人世富贵荣华，悲欢离合。一觉醒来，旅舍中的主人正在蒸黄粱，还没有熟呢！于是他大受感动，悟彻了功名的空虚。这完全是道家的思想，唐代佛道思想极流行，文人亦多受其影响者，这篇便是一个例证。文笔朴质简练，又多规诲，所以虽在看不起传奇文者，也极称道。属于同一类故事的，唐传奇文中还有无名氏的《樱桃青衣》和沈亚之的《秦梦记》等，这类故事溯其原始，当推《列子》和《搜神记》所载的两节，而这两节又出自一个共同的来源，也是印度的故事。后人敷衍这故事为戏剧者，有元马致远的《黄粱梦》杂剧和明汤显祖的《邯郸记》。沈既济的另一传奇《任氏传》，亦属于神怪类。

大历中，又有陈玄祐作《离魂记》，为元郑德辉的杂剧《倩女离魂》所本。故事叙张倩娘和王宙相恋，但倩娘的父亲却把她许嫁给别人,宙悲恨而去。夜半,倩娘追来了,同居了五年,生两个儿子。五年后,倩娘偕王宙归省她的父亲,到了家里,发现另外有一个倩娘卧病在家。卧病的闻她到来,起身相迎,两身合而为一,原来外出的是倩娘的魂。

在形式上和《枕中记》同属于幻梦一型,而实际则应和《离魂记》同属于魂游型的是李公佐的《南柯太守传》。李公佐,元和间进士,所作传奇凡四篇,自以《南柯太守传》为最动人。叙淳于棼梦入大槐树的穴中,做大槐安国的驸马(就是国王的女婿),官南柯太守,生五男二女,守郡三十年。后来领兵和檀萝国战,大败,而公主又死了,因此罢官,国王把他送回故乡。梦醒后,在槐树底下发现一洞,原来是蚁穴,仿佛和梦中所历者相同。立意虽和《枕中记》相类,但描摹更为尽致,幻想更为精密,实尤胜于《枕中记》。明汤显祖也曾据之作剧本《南柯记》。

《柳毅传》为李朝威作,李的生平不详。文叙书生柳毅考试不中,在回湘的途中,经过泾阳,为龙女传书给洞庭龙君,后来结为姻眷事。故事虽荒诞不经,但趣味则很浓厚,文笔亦非常佳妙,写得极详赡丰妍之至。金元人敷衍这故事成为杂剧者非常多,现在还能读到者有尚仲贤的《柳毅传书》,李好古又把它发展为《张生煮海》。清人李渔的十种曲中有《蜃中楼》,则是并合此两种而成者。

神怪类之最著名者,即上列四篇。但这里有一点值得注意的,这四篇都可找出印度故事的根据来。可见唐人传奇,尤其神怪类的,和印度故事确有血统的关系。

(二)恋爱类

神怪类的传奇,都是想在梦幻中求享用求快意,即使是讲恋爱,也不是现实的,所以给读者的印象,总不能得真切之感。

真实的人世间的恋爱故事，却足以动人心肺，所以这一类的唐人传奇文是一切传奇文中的最佳者。

这类中的流传最广，影响最大者要算元稹的《莺莺传》了。元稹是唐朝的大诗人，《莺莺传》一名《会真记》，叙崔莺莺和张生的私期密约的欢会故事，已是妇孺皆知的了，我不必再在这里复述。据说这是元稹的自传。后来宋朝赵令畤衍为鼓子词《商调蝶恋花》，金董解元为诸宫调《西厢记》，元王实甫为杂剧《西厢记》，明李日华和陆采各做一本传奇《南西厢记》。此外更有《翻西厢》《续西厢》……等，出现于明清间有十余种之多。

这类中文字写得最为隽美者，要算是蒋防的《霍小玉传》。《莺莺传》流传虽广，文字实非最佳。《霍小玉传》便不同了，明胡应麟谓，"此篇尤为唐人最精采动人之传奇，故传诵弗衰"。蒋防，官翰林学士，中书舍人。此传叙名妓霍小玉和诗人李益交厚，但李益竟负心绝之，听了母命跟卢姓女结婚。小玉因此卧病不能起床，一日，托人设法强邀李益至家，小玉数说了他一顿，乃气绝身死。其情绪的凄楚，令读者莫不酸心。李益是唐朝的诗人，霍小玉亦实有其人，故此事或非虚构。明汤显祖的《紫箫记》和《紫钗记》两本传奇，即衍此故事的。

和《霍小玉传》一样可称为唐人传奇文中的最高成就者，还有白行简的《李娃传》。此传叙名妓李娃和荥阳巨族之子恋爱事。荥阳子贫病困顿，至落难为乞丐，为李娃所救，鼓励他勤学，卒至学成为官。行简为诗人白居易弟，本善文笔，这故事近情而耸听，他写得又是宛曲动人，故极缠绵可观。这篇和《霍小玉传》正好成一对照，《霍小玉传》是悲剧，而《李娃传》却是一情节复杂的喜剧。后人改编为戏剧的，有元石君宝的《李

亚仙花酒曲江池》杂剧和明人的《绣襦记》传奇。今最通俗的
《郑元和落难唱莲花落》《化子教歌》等节目,即根据此故事者。

唐人传奇文中最为人知者,除了《莺莺传》外,还有陈鸿的《长
恨歌传》。陈鸿是白居易的朋友,此传即为白的《长恨歌》而作。
叙明皇和杨妃事,从贵妃入宫起,到马嵬之变和方士上天索魂止。
为古今最动人的故事,而陈鸿之叙写,亦极真切。鲁迅先生谓,
"辞意慷慨,长于吊古,追忆往事,如不胜情"。所以此传为人
传诵,历久不衰。元王伯成的《天宝遗事诸宫调》,白朴的《唐
明皇秋夜梧桐雨》杂剧,明屠隆的《彩毫记》,吴世美的《惊鸿
记》,清洪昇的《长生殿》三种传奇,都以此为蓝本。

(三)剑侠类

到了唐朝末叶,国家时势日非,军人也益为横暴,所谓藩
镇节度使者非常跋扈,各各割据了一个地方,不听中央政府的
命令,互相争战,老百姓受尽苦楚。剑侠小说便在这样的情形
下产生了。文人们自己无法去斗争,于是只好借了想象,创作
出种种剑侠的故事,以图暂时的一快。也有叙强权者蓄了死士,
以从事暗杀的故事。总之,这都是政治和社会背景所造成的。

在裴铏的三卷《传奇》里,这类剑侠的故事很多,最有名
的是《昆仑奴》《聂隐娘》两则。《昆仑奴》叙一有大力量的奴
隶负了主人崔生逾十重墙垣去和一个豪贵家的家妓红绡幽会,
后又负两人逃出巨宅的故事。这是封建社会下悲剧角色的最希
冀的遭遇。《聂隐娘》叙一个擅剑术的女子聂隐娘受魏帅之命,
去暗杀他的敌人陈许节度使刘昌裔,昌裔预知她来,用厚礼迎
接她,使她留居在那里。于是魏帅又先后使精精儿和妙手空空
儿去杀她,结果反被她杀死或击败。明梅鼎祚有《昆仑奴》杂
剧是衍前者,清尤侗的《黑白卫》杂剧则是衍后者。

咸通年间袁郊著《甘泽谣》一卷,也是一部传奇集,内有《红线》一篇,是唐代极著名的剑侠小说(这篇也有题诗人杨巨源作的,恐误)。红线是一个典型的女侠,但也有仙气。她是潞州节度使薛嵩家的女使,帮助主人使他的敌人和他修好。本篇文字很生动,读之极富兴味。明梁辰鱼有《红线》杂剧,即本此文所编的。

薛调的《无双传》为明陆采的《明珠记》传奇所本者,是一个义侠故事。叙王仙客和刘无双的恋爱,为了兵乱,几经挫折,后得侠士古押衙的援助,终能玉成好事。事实离奇,颇多不可想象者,究竟不是写实的作品。

唐末道士杜光庭有《虬髯客传》,也是一篇流传极广的豪侠小说。叙隋末一个手执红拂的妓女识李靖于没有做官的时候,相约逃走。路上又遇到一个虬髯客(意思是生蜷曲的胡子的人),他劝他们去佐李世民兴唐,而自己领了海贼到扶馀国杀其主,自立为王。这篇染有极浓厚的时代色彩,盖杜氏生当唐末,天下纷乱,所以他发尊皇的主张,以解除民苦。又因作者是一个道士,所以方士的气息颇多。在技巧上,这篇小说相当成功。此文流传很广泛,除了明梁辰鱼有《红拂剧》已佚外,又有张凤翼的《红拂记》和凌濛初的《虬髯翁》,明人复有合红线红拂两事而成《双红记传奇》者,更有人编成皮簧剧。

单篇的传奇文之最著名者已如上述。个人之著作较多而成为传奇集者,除了上面提到过的《传奇》《甘泽谣》外,尚有牛僧孺的《玄怪录》,李复言的《续玄怪录》,牛肃的《纪闻》,薛用弱的《集异记》,皇甫枚的《三水小牍》等。内中也有很好的,但为了篇幅的关系,我在这里不再一一分叙了。

第六讲　讲唱文学的远祖

——"八相变文"及其他

一

　　在中国的西陲，甘肃省的西北部有敦煌县。这地方自古是西域道上的重镇，县城东南的鸣沙山麓有三界寺，寺旁石室很多，俗称千佛洞。洞中有壁画，上半截是佛像，下半截是人像。前清光绪二十六年时，拟加以修理，扫除一些砂砾，却在倾坏的墙壁内发见一室竟是书库。库内藏唐人手写的东西和图画、刺绣等美术品不少。这些美术品都是无上之宝，而手写本尤有价值，在历史上和文学上有无比的重要。究竟是什么时候封闭着的？据猜想，大约在宋朝，因为避西夏的兵革，他们把这些东西保存在那里，倾坏的墙壁原来是那时的复壁，他们想避免战祸的损失，于是想了这么一个办法。这办法居然很有效，竟保存了近一千年之久！

　　书库虽在一九〇〇年（即光绪二十六年）打开了，但中国政府和一般人士却不知去探检，倒是引动了一位在印度政府做工作的匈牙利人名叫斯坦因的，他在一九〇七年到那里，千方百计，诱骗守洞的王道士出卖这宝库，结果给他带走了三十多箱而去，陈列在伦敦博物馆里。接着法国人也知道了，他们也派伯希和来搜求，结果也带去了千余卷之多，运藏到巴黎国家图书馆去。直到一九三〇年（民国十九年），中国政府方才派人去提取，所余的已是糟粕了，现在收藏在北京图书馆里。

究竟这些唐人写本的宝贝是什么呢？当然种类很多，有佛经，有民间叙事歌曲，有通俗的杂曲，但是最为宝贵的，却要算"变文"了。

所谓"变文"，是文体的一个名称，形式以韵文和散文交互合组而成，内容则是敷衍一个故事。散文部分是用来讲的，韵文部分是唱的。就整篇而言，则是一种叙事诗。在现代，北方有"鼓词"，南方有"弹词"，都是讲唱文学，文体也都以韵文和散文交组而成，"变文"就是它们的远祖。至于带宗教性的"宝卷"，则更是"变文"的嫡系子孙了。

"变文"这种新文体的来源，我们不能从中国前代的文籍里去找寻，那是受的印度佛教文学的影响。

印度文学有一种很特别的体裁，就是在散文记叙的后面，常常附加几句韵文的偈颂，把前面的意思，简括的重说一遍。或者在散文记叙的前面也常常附加几句韵文的偈颂，把后面的大意先作一个提纲。在印度，因为一切文化自古以来大都靠口说相传，这样韵散合组的体裁，其作用足以增进了解和记忆的便利。因为要歌唱，所以用韵文，然而韵文的辞句较难了解，所以先用散文来叙述一下，这样，便容易了解，也容易记忆了。

这种佛教经典自传入中国以后，这新体裁便为我们的文人学士们所耳濡目染，渐渐地他们也模拟起来了。"变文"就是在这样的情形下产生出来的。

大约在晋朝，为宣扬佛教教义起见，和尚们有一个工作，名叫"唱导",所唱的叫做"唱导文"。到了唐初,又有所谓"落花"的出现,这是"唱导"进步后的一种方式,比较典雅的"唱导文"渐渐更趋通俗化了。

这样演进到中晚唐、五代,"变文"起来了。

"变文"两字是什么意义呢?这仍然和佛教有关。

唐朝是佛教美术的灿烂时期,单以壁画而论,实在是以前所少见,并且还是以后所不能及的。这种绘在寺庙墙壁上的图画,当时称做"变相",有时也省称做"变"。图画的内容,完全取材于佛经,因为这是变佛经为图相,所以称做"变相"。

于是,同样的,把佛经变更为通俗的讲唱文,也就叫做"变文"了。

在唐代,差不多没有一个庙宇的墙壁上不绘画着"变相";我们也可以想象到,没有一个庙宇里不讲唱着"变文"的。再就内容说,据现在我们所知,两者相同的非常众多。

所以,"变相"和"变文",实际是那时候佛教宣传的两种不同方式。

"变文"既然和佛教宣传有关系,所以最初产生的都是专门讲唱佛经里的故事的。但不久,这文体便被文人们所采取,用来讲唱民间传说的故事了。

最早的变文发生在什么时候,我们现在没有方法可以确切的知道,大约总在开元天宝以前,这是毫无可疑的事。至于在什么时候才不为人所知道,这大约在宋代,随了敦煌石室的封闭而一同给埋入了罢。然而它的影响,却并没有一同被埋入,宋代的说话人就是"变文"的最直接的流变,这且待以后再说。

二

现在，我们来考察变文的体制。

就现在所能见到的许多变文归纳起来说，它的韵文部分，最普通的是以七言为主，间或杂以三言，而这三言句使用的时候，大都是两句合在一处，仍旧似是由七言句变化或节省而来的。

> 无忧树下暂攀花，右胁生来释氏家，五百夫人随太子，三千宫女捧摩耶。
>
> 堂前飞来鸳鸯被，园里休登翡翠车，产后孩童多瑞相，明君闻奏喜无涯。
>
> ——《八相变文》
>
> 越三贤，超十地，福德周圆入佛位。牟尼这日发慈言，交往毗耶问居士。
>
> 戴天冠，服宝帔，相好端严法王子。牟尼这日发慈言，交往毗耶问居士。
>
> ——《维摩诘经变文》第二十卷

这就是后来许多"宝卷""弹词""鼓词"等应用着的一贯的形式。变文中还有使用五言或六言的，但究竟是极少见的形式。如下例（均见《八相变文》）：

> 拔剑平四海，横戈敌万夫。一朝床枕上，起卧要人扶。
>
> 当日今团太子，潜身来下人间。金朝菩萨降生，福报合生何处？遍看十六大国，从头皆道不堪。唯

有迦毗罗城，天下闻名第一。

至于四言和由三言七言合成的十言，则更少，这里不再举例了。

变文的散文部分，比韵文部分就逊色多了，大都是用着比较生硬而幼稚的白话文写成，如《八相变文》：

> ……太子作偈已了，即便归宫，颜色忙祥，愁忧不止。大王闻太子还宫，遣宫人遂唤太子："吾从养汝，只是怀愁。昨日游观西门，见于何物？"太子奏大王曰："昨日游玩，不见别物，见一病儿，形骸羸瘦。遂遣车匿去问，病者只是一人，他道：'世间病患之时，不论贵贱。'闻此言语，实积忧愁。谨咨大王，何必怪责。"大王遂遣太子，来日却往巡游，至于北门。忽见一人归于逝路，四支全具，九孔□□。卧在荒郊，膖胀坏烂。六亲号叫，九族哀啼，散发披头，浑埃自扑。遂遣车匿往问。问云："此是何人？"丧主具说实言道："此是死事。""即公一个死，世间亦复如然？"丧主道："王侯凡庶，一般死相，亦无二种。"

但也有用那时流行的骈偶文的。如《降魔变文》：

> 阿修罗执日月以引前，紧那罗握刀枪而从后。于时风师使风，雨师下雨，湿却嚣尘，平治道路。神王把棒，金刚执杵。简择骁雄，排比队伍。然后吹法螺，击法鼓，弄刀枪，振威怒。动似电奔，行如云布。

佛教文学最富于想象力，极尽捕写的能事。变文受着佛教文学的影响，所以发生很大的作用。它的描写有非本来中国文学所素有的。

现在我们再进一步研究韵文部分和散文部分怎样组合起来的？这可以从两方面入手。

先从变文的体裁去看，大约可分做三类：

第一类，在散文的后面，直接继以韵文，中间没有别的文字。例如《地狱变文》《大目乾连冥间救母变文》等都是。

第二类，在散文的后面，用"若为""若为陈说""云云""诗云"或"于尔之时，有何言语？"等辞为"引端"，然后再接以韵文。如《降魔变文》《八相成道变文》《维摩诘经变文》《大目犍连变文》等都是。也有用"曰"字来作"引端"的，在《维摩诘经变文》和《伍子胥变文》里都可以看到，不过不很多。而在《大目犍连变文》和《张义潮变文》里，更有用"处"字作"引端"的，这"处"字似乎和"云""曰"等字有同样功用，这是很奇特的。

第三类，全篇都用散文，仅在最后的地方，以"诗曰"两字引起七言诗几句，就此完毕。这一类最少，似乎只有《舜子至孝变文》是这样的。

再从变文的结构看，也可以分做三类：

第一类，以散文部分作为讲述，韵文部分重复的歌唱散文部分所述的。这形式，当然是直接受了佛经的影响，我在前面已经讲过了。关于这一类作品，可举的例很多，像《目连缘起》《维摩诘经变文持世菩萨卷》等，都有这样的结构，现在引《目连缘起》一段如下：

> 目连闻金口所说，不觉闷绝号咷，既知受罪因
> 缘，欲往三途救拔，切恨神通力小，难开地狱之门，
> 我今欲见阿娘，力小不能自往，伏愿世尊慈恩，少
> 借威光，忽若得见慈亲，生死不□恩注。
> 目连闻说事因由，闷绝号咷两泪流。
> 哀哀慈母黄泉下，乳哺之恩不易酬。
> 我今欲见慈母面，地狱难行不可求。
> 愿佛慈悲方便力，暂时得见死生休。

这种形式，重要部分当然还在歌唱的韵文，对于没有听歌训练
的人自是极方便的，但在常常听歌的却反而觉得絮烦了。于是
有了进一步的方法。

第二类，以散文部分作为引起，衔接着用韵文部分来详细
叙状，两部分交互使用着。这样，读起来或听起来，便不觉得
有叠床架屋的重复之感了，确是一种进步。这种形式的来源，
当然也是从佛经里流传过来的。《大目乾连冥间救母变文》便
是用这形式，而《目连缘起》中却也有的，举例如下：

> 冢边见沙门欢喜，目连知是慈母，不觉两泪向
> 前，遂问阿娘久居地狱，受苦多时，今乃得离阿鼻，
> 深助娘娘今在人间作冢，何如地狱之时？阿娘被问
> 来由，不觉心中欢喜，告儿目连曰：
> 我在阿鼻地狱，受苦皆是自为。
> 闻汝广建盂兰，供养十方诸佛。
> 今得离于地狱，化为母冢之身。

不净乍□食之，不欲当时受苦。

至于像《伍子胥变文》这样，则韵散两部分更是互相紧密的联锁着，分拆不开，没有接痕可寻，没有裂缝可得：

> 女子答曰："儿闻古人之语，盖不虚言，情去意难实留，断弦何由可续。……今乃不弃卑微，敢欲邀君一食。
> 儿家本住南阳县，二八容光如皎练。泊沙潭下照红妆，水上荷花不如面。
> 客行由同海泛舟，薄暮皈巢畏日晚。倘若不弃是卑微，愿君努力当餐饭。"
> 子胥即欲前行，再三苦被留连。人情实亦难通，水畔存身即坐。吃饭三口，便即停餐。……
> 于胥答曰：
> "下官身是伍子胥，避楚逝游入南吴。
> ……
> 仆是弃背帝卿宾，今被平王见寻讨。
> 恩泽不用语人知，幸愿娘子知怀抱。"
> 子胥语已向前行，女子号咷发声哭。
> ……

第三类，这类在结构上又别成一种形式，就是在每段的开始，先引"经"文，然后加以敷说。变文本来是演"经"的，故事的根据自在佛经里，大约为了加重布教的效果，或许有一些"征信"的作用，所以先引经文。而在变文的演进上，则是似乎属于初期的。像《维摩诘经变文》《阿弥陀经变文》等都是。《维摩诘经变文》在引了经文后，下接散文和韵文，而《阿弥陀经变文》则经文就是散文部分，经文之后便直接韵文，这或许是最初期的作品。

三

变文之已发现者，大约有四五十种，现尚陆续在发现中。这四五十种变文均收藏在伦敦、巴黎、北京各图书馆里，而一部分被辑印在《敦煌零拾》《敦煌遗书第一集》《敦煌掇琐》《敦煌劫余录》《敦煌杂录》诸书里。加以标点整理的，则有郑振铎先生曾在《世界文库》里选载过《八相变文》等七种。

就这四五十种已发现的分起类来，可以大别为两类：

（一）叙述佛经的故事的
（二）叙述非佛经的故事的

第一类讲唱佛经故事的，我们再可以分为两组：

（1）属于严格说经的
（2）属于自由叙述的

第一组的变文，就现在能够读到的资料看，只有《维摩诘经变文》和《阿弥陀经变文》两种。后者比较幼稚，所以我们假定为最早期的作品。前者则可说是最宏伟的一种，由于已经见到的一部分推测起来，其总卷数当在三十卷以上。《维摩诘经》

本来是一部极富于文学趣味的著作，把它放大渲染以后所构成的《维摩诘经变文》，当然更为弘丽了。它的描状的活跃，辞采的瑰丽，以及想象的丰富，都是我们难得看到的。经文一百余字，至少可以把它演成三四千字的"变文"，它的魄力的伟大，技巧的熟练，实足惊人。我们说它是唐代最伟大的一部名著，一部叙事诗，并不十分过分。只可惜现在我们所能见到的仅是极小的一部分而已。

第二组以佛教经典为依据，而并不"引经据典"，只是拿了佛经里的一个故事去阐扬烘染。我们再可以分成两小组：一是像《地狱变文》《父母恩重经变文》等，仅演述经文而不叙写故事的，这完全是宗教性的东西，所以成就并不十分高明。二是叙写故事的，如《八相变文》《佛本行集经变文》《身委饿虎经变文》《降魔变文》《目连变文》《丑女缘起》《有相变文》等。其中《降魔变文》可以说和《维摩诘经变文》是变文里的双璧，故事本于《金刚经》，虽是一种劝善的教训歌，但其文辞的隽美，想象力的丰富奔放，却是不可及的。

第二类叙述非佛经的故事的，现在所见的也不少。也可分为两组：

（1）讲唱历史的或传说的故事者
（2）讲唱当代的"今闻"者

讲唱历史的或传说的故事者，有《伍子胥变文》《王昭君变文》《舜子至孝变文》等。讲唱当代"今闻"者，现在所存的只有《张义潮变文》（或题《西征记》）一种。

这些变文，有的残缺不全，有的讹错甚多，别字和破体字又几乎触目皆是，这对于研究欣赏方面，很多窒碍。

我们评估变文的价值，不能用旧文学的标准和尺度去衡量，我们第一要明白这是古代的俗文学、民间的文学，是不登大雅之堂的东西。第二要知道变文的发现不仅是发现了许多伟大的名著，同时，也解决了文学史上许多疑难的问题。我们不把变文这文体弄明白，以后有许多东西便不容易讲清楚。

因此，我把这新发现的文学依了年代列在这里，作为一讲。

《敦煌变文集》，向达等人编校，人民文学出版社本。周绍良的《敦煌变文汇录》，上海文艺联合出版社本。

第七讲 词和词选

一、从岳飞的《满江红》谈起

怒发冲冠,凭栏处、潇潇雨歇。抬望眼,仰天长啸,
壮怀激烈。三十功名尘与土,八千里路云和月。莫
等闲白了少年头,空悲切。靖康耻,犹未雪。臣子恨,
何时灭? 驾长车踏破,贺兰山缺。壮志饥餐胡虏肉,
笑谈渴饮匈奴血。待从头收拾旧山河,朝天阙。①

这是宋朝岳飞的有名的《满江红》,读者大约早已熟悉的了。
这一首名叫"词"。我今天要和诸位谈谈关于词的一切。

什么是词? 最简单的回答是:"'词'也就是'诗'"。有人
编著《中国诗史》把词也讲在里边,这正好是一个证据。当然,
这是顶粗浅的说法,我们要细辨起来, 两者的区别很大呢。

从前人曾有许多区别诗和词的话, 但那些都是很难捉摸,

---

① 这首词, 有的同志认为不是岳飞作的,主要的内证是"驾长车踏破
贺兰山缺", 贺兰山在甘肃 (今属宁夏—编辑按),不是岳飞进军路线。按:
这句是用典,北宋姚嗣宗献给韩琦的《崆峒山诗》:"踏碎贺兰石,扫清西海尘。"
用这典可说是用今典。

近于玄妙的,我们现在不必引用。我们仅从形式和歌唱两方面去考察。

从形式方面看,我们知道诗有古体和今体的分别。古体每篇的长短没有限制,可长可短,随作者的意思而定;今体则限定每首八句或四句,不可多也不可少。至于词,有种种的调子,各调的长短绝不一律,有少至十六字的,也有多至二百四十字的,然而每一调的长短却又固定,不容你增减。每句的字数,诗是限定五言或七言两种,词则自一言起至十言止都有,在每一调中,都经规定,每句的字数受调的限制,也不容你随意变更。每一首词,大概总在四句以上,但每句的字数可能是各不相同的。如最短的《十六字令》:

眠,月影穿窗白玉钱,无人弄,移过枕函边。

——周邦彦作

便是最好的例证。所以词又有"长短句"之称。于是我们从形式方面,归纳出这样一个答案:"词是长短句的诗。"

再从歌唱方面考察。我们在第四讲里曾经讲过,可歌的诗在汉代名叫"乐府"。到了唐代,乐府歌词大都是整齐的五七言的律诗和绝句,然而乐调却是不整齐的,于是通音律的人有创作长短句的尝试,以求适合于乐歌。这种长短句的乐歌名叫"词",所以凡是词,都是合于音律而可歌唱的。因此,我们又可以这样说:"词是可以歌唱的诗。"

我们再合并这两句话,说"词一般是长短句的可以歌唱的诗"。这便是"什么是词"的最明白确切的回答。现在,我们更进一步考察它的体制。

词既然是可以歌唱的，所以每个词调，原始创作的时候，都编有曲谱。后人利用旧谱，填制新词，有的和原词同式，不加变更，有的在原谱的范围内略加更易，于是有"异体"发生。前面所引的一首《满江红》，是最普通的一体，凡九十三字；但宋人词中也有只八十九字或九十一字的，甚而还有九十四字或九十七字的。试查清人所著《词律》《词谱》这一类书，可以知道每一"调"常有许多"体"（《词律》共收八百七十余调，但有一千六百七十余体），大约就是这缘故。也有一部分人，并不依照曲谱，只依旧词的句数，字数，韵叶和各字的声调，照样填制——这样写成的作品，当然也是可以歌唱的。作词称为"填词"，或曰"调寄"，或曰"倚声"，就都是因为这个缘故。到了后来，曲谱失传，不复能歌唱，于是词惟有"填"的一法，仅是"长短句的诗"，而不再是"可歌唱的诗"了。

词既然因了不同的曲谱而产生不同的格律（就是上文所说的字数，句数，韵叶和各字的声调等），而调又极纷繁，律更复严谨，于是每调必须特立一个名字以作符号。这个名字称做"词牌名"，或简称"词牌"，前面说起的《满江红》《十六字令》等即是。

词牌的取用，当然各有其意义。有用本调中之一断句者（如《忆王孙》始于秦观的"萋萋芳草忆王孙"句，《如梦令》始于后唐庄宗的"如梦如梦，残月落花烟重"等），有用古人诗句中语者（如《渡江云》用杜诗"风入渡江云"句等），有用本意者（如赵长卿作《别怨》，和凝作《望梅花》等），有用人名或地名者（如《虞美人》咏虞姬，《昭君怨》咏王昭君，《扬州慢》系姜夔夜过扬州等），有用风俗习惯命名者（如《菩萨蛮》谓女蛮国之蛮妇装束似菩萨，《苏幕遮》是西域妇女的帽名）……

其他种类很多，不必一一列举了。至于词牌和词意的关系，则最初词牌名就是词的题目，词牌和词意完全相合。后来渐渐不大切合，但究未绝对的离开了词牌名所包含的原意。到最后，词意和词牌名已完全脱离了关系，词牌名的原意根本不为读者或作者所知悉，于是在词牌名之外必须另外有一个词的题目了。

词中还有调异名同和调同名异两种应该注意的。调异名同的比较少些，如《木兰花》《浣溪沙》《浪淘沙》，在小令里有，在慢词里也有，是迥然不同的两调。调同名异的却非常多，如《十六字令》另有《归字谣》和《苍梧谣》两异名，《忆江南》有《江南好》《春去也》等十几个异名，这样的例是举不尽的，我们只有从《词律》《词谱》一类书里去查检，才能明白。

一首词，短的是只有一段，较长的，大约在三十余字以上者则都分为上下两段，最长的也有三段或四段的，不过不十分多。只有一段的名叫"单调"，两段的称为"双调"或"双叠"，亦有因"调"字和"叠"字都不妥，称为"片"或"阕"。有前后两段者，一部分词，两段格律完全相同，后段照叠前段，大约所用的谱是一个，名叫"重头"。但也有不相同的，不能一概而论。若两段相同，唯后段开头数句不同于前段的，叫做"换头"。

词，依了长短，可以分做九类（据宋代张炎的《词源》所列）：

（一）"令"，也叫做"小令"，篇幅最短，词在最初的时候都是令。单段的自二均拍到三均拍都有，如《渔歌子》《如梦令》等是。两段的则均拍数加倍，如《探春令》《菩萨蛮》等。

（二）"引"和"近"，引谓将小令稍稍引长之，近谓音调相近从而引之，都是双叠，自六均拍至八均拍，如《千秋岁引》《祝英台近》《风入松》等。

（三）"慢"，亦叫"慢词"或"慢曲"，旧说"慢"和"曼"

字相通，曼的字义是"引"和"长"，所以慢词的意义是引而愈长，并且还有曼声永歌的意思。其实这是不对的，在《宋史·乐志》里，总是把"慢曲"和"急曲"对举，可见得慢字是指歌曲声调的急慢，并不是表示歌词字数的长短。只因慢曲的声调既慢，当然就会延长。双叠的自八均拍至十二均拍，如《木兰花慢》《满江红》等。三叠的自十均拍至十六均拍，如《瑞龙吟》《浪淘沙慢》等。

（四）"三台"，其实就是慢词的一种，都是三片的，两者的分别在于音节，慢词为八均拍或多至十六均拍的慢曲，三台则每片慢二拍急三拍共十五均拍或三十促拍的急曲子。今所传者只《三台》一词。

（五）"序子"，在词中是最长的，四片，十六均拍。三台是促拍，序子是碎拍，这是和慢词分别的地方。今所传者只《莺啼序》一词。

这五类，统称散词，所谓散词，就是不成一套，可以单谱单唱的。还有四类是"法曲""大曲""缠令""诸宫调"，都是成套的，我们有机会以后再讲，今天省略了。

令，引，近，慢等的区别，照前面所说，其区别全在均拍的多寡。究竟什么是"均拍"呢？"均"就是节，"拍"就是现在皮簧和昆曲中所谓板眼的板。"均"又略同于诗文中所谓句读的句。词中通常大概以两小句为一均（自然，在引、近和慢曲中，尽有三四句为一均的），均末必定是叶韵处，然而叶韵的地方却不一定是均。据《词源》所说，令以四均拍为正常，引、近以六均拍为正常，慢曲以八均拍为正常，过此都是变例。可惜的是词现在已不能歌唱，有许多事情现在已不能知其所以然了。所谓均拍，也是其中之一。

再就《满江红》而说：前段八句，四韵，四均拍；后段十句，五韵，也是四均拍。前段的四韵为歇、烈、月、切，后段的五韵为雪、灭、缺、血、阙，但"靖康耻"至"何时灭"四句只一均拍。

自从词不能歌唱之后，于是有以字数的多寡来分类，通常都以五十字以下的为"小令"，一百字以下的为"中调"，一百字以上的为"长调"。相差一二字的当然可以移置，并不十分严格的限制。

词中每字的四声，较诗更严。在古今体诗中，每字只消分平仄就够了，但在词中，则有时候须四声分别清楚，不可混用。大约一调中仄声处上去入统用的约十之六七，不可统用的十之三四。因为词是合于乐谱的，所以字音必须谐适音律，否则就觉得拗口落腔了。

我们仍旧用《满江红》来作例，第一句，第一个字平仄不拘，第二个字必须仄，第三四两字必须平。第二句末字开始用韵，其他各句用韵处均须和此字相叶。别的几句平仄也各有规定。

在这里，我要插说一段宋朝张炎的话，他说他父亲作《瑞鹤仙》词，有一句"粉蝶儿扑定花心不去"，觉得"扑"字不协律，乃改作"守"字。又作了一句"琐窗深"，觉得"深"字不协律，改作"幽"字，觉得还是不协律，再改为"明"，才协律了（见《词源》）。这因为"扑"是入声，其音较促，大概在唱时，这字是适宜用长声的，所以改为上声的"守"，就长得多了。深、幽、明三个字虽则都是平声，但深和琐、窗两字同属齿音，而"幽"字的音是喉音，在这里大概是用唇音的"明"字最合格了。词因为要合乐，所以字的音调极为重要，不能随便乱用。

至于词的用韵，比诗稍为宽些，不过其变化则比诗为复杂了。在诗中，四声都单押，绝对不可通混。词则上声可以和去声通押，平声中的东部和冬部，江部和阳部，支部和微部，齐部和灰部……等都可通押，入声韵诗有三十四部，词则归并成八部。这都是词韵较宽的地方。诸位要知道得详细一些，可以找一部诗韵跟一部词韵比较一下就可明白了。

词体用韵的方法，夏承焘先生有一篇文章收在《唐宋词论丛》里，题名《词韵约例》，极为详明，现在摘要列举在这里：

（一）一首一韵——这是最普通的，和近体诗同，不必列举。

（二）一首多韵。最习见的是一首中用二仄韵二平韵，如韦庄的《荷叶杯》：

> 记得那年花下[1]，深夜[1]，初识谢娘时[2]，水堂西面画帘垂[2]，携手暗相期[2]。 惆怅晓莺残月[3]，相别[3]，从此隔音尘[4]。如今俱是异乡人[4]，相见更无因[4]。

最多的有用到五部韵的，交互错杂，极繁复。

（三）（四）略。

（五）叠韵，谓叠上一句的韵，有叠几个字的，有叠全句的。如王衍《醉妆词》"者边走，那边走"，顾夐《荷叶杯》"知么知，知么知"，王建《调笑令》"团扇，团扇""弦管，弦管"都是。

（六）句中韵。《诗经》中有此例，古今体诗中没有，词中却也有，以《木兰花慢》一调中最为显例，如柳永词：

> 云衢[1]见新雁过，奈佳人自别阻音书[1]。
> 归途[1]纵凝望处，但斜阳暮霭满平芜[1]。

衢、途都是句中韵。句中韵亦名"暗韵"。

（七）平仄通叶。在词中，属于同部的平仄韵都可通押，如平声的"东"韵和上声的"董"韵、去声的"送"韵，"支"和"纸""寘"，"麻"和"马""祃"等都是。如晏几道的《西江月》：

愁黛颦成月浅，啼汝印得花残[1]。只消鸳枕夜来闲[1]，晓镜心情更懒[2]。　　醉帽帘头风细，征衫袖口香寒[1]。绿江春水寄书难[2]，携手佳期又晚[2]。

[1] 是平韵，[2] 是仄韵。其他如《水调歌头》和《哨遍》中也有此例。

（八）（九）略。

（十）平仄韵不得通融。有仄声调必须押入声者，有仄声调必须押上声或去声者（词中上去韵本可通押，但有时必须分开）。

（十一）叶韵变例：

（甲）长尾韵——辛弃疾有《水龙吟》一首，每句韵脚之下都加一些字。

（乙）福唐独木桥体——一首词中八韵，内中有四韵用同一个字。

（丙）通首用同一个字为韵。

这些，实在是文字游戏，不足为训。

关于词的音律，因为现在词已不能歌唱，所以极难讲明，我们只好省略不讲了。

现在讲词的句法。诗句的组织没有定式，通常五言用上二下三的法式，七言用上四下三的法式，我们试默诵读过的诗句，大都是这样的，很少例外。反之就是拗句了，几个好为生硬奇险的诗人，如唐朝的韩愈等，常有意不守此律。词的句法就不同，因为词是长短句，字数的参差极多，在某一调的某句中都有一定的法式，现在分讲如下：

一字句——除了《十六字令》的第一句外，平常都用作领字（多仄声，如正、渐、又等），实际不能算作一句。如：秦观《沁园春》的"正兰皋泥润，谁家燕喜，蜜脾香少，触处蜂忙"。"正"就是领字。

二字句——大概用在"换头"首句，或"句中韵"处为多。有"平仄""仄平""平平""仄仄"四式，以"平仄"一式用得最多。例见前（韦庄的《荷叶杯》和柳永的《木兰花慢》）。

三字句——通常用"仄仄平"式；但亦有用其他式的，则大半近于领头句了（领头句是不完全的句子，和领字相类似）。如《满江红》中的"抬望眼""莫等闲""待从头"等都是。

四字句——通常当然都用"平平仄仄"或"仄仄平平"所谓折腰式者，如"怒发冲冠""壮怀激烈"。但《水龙吟》的末句"是离人泪""有盈盈泪"，《永遇乐》的末句"倚红杏处"等则是一二一式了，或可说上一下三和上三下一式。

五字句——有上二下三及上一下四两种。上二下三即诗句。上一下四即一字领四字句，如前面所引的"正兰皋泥润"是。

六字句——亦有两种格式，一为常格，如《风入松》之"门外蔷薇开也,枝头梅子酸时"。一为折腰格,如《青玉案》之"绿染遍江头树""被芳草将愁去"。

七字句——有上四下三和上三下四两种。上四下三即诗句。再就岳飞的《满江红》而说,"三十功名尘与土,八千里路云和月"和"壮志饥餐胡虏肉,笑谈渴饮匈奴血",四句是上四下三式,而"凭栏处潇潇雨歇,抬望眼仰天长啸",两句则是上三下四式了。至于如《多丽》中的"自湖上爱梅仙远",亦可视作上一下六之例。

八字句,九字句,十字句,也无非是合三五、四五、三七等成句而已,不必一一举例了。

词是中国文学中一种很特殊的文体,这种文体也许在全世界各种文体中很难找到相类的一体。我们生在今日,固然不必再去学做填词,然而它的体制不得不讲解明白,因此这一讲似乎讲得太啰唆了。关于词的演进和词的鉴赏等项目,只好等下一次再讲。

二、再从词的起源谈到《花间集》

关于词的体制既经讲明白了,现在进一步讲词的发展情形。最先要讲的是词的起源问题。

词的起源,历来讲论词的曾经发表过不少见解,归纳起来可得下列四说:

（一）出于《诗经》说　（二）出于乐府说
（三）出于六朝杂言诗说　（四）出于唐代近体诗说

统观这四说，都是仅从文字形式上的长短参差，而牵强附会之，实际都似是而非，不足凭论。

词既然是"可歌"的诗，我们应该从音乐方面去考察。

中国音乐，从汉魏到隋唐，为一大转变。在这时期，中国固有的旧乐渐渐地销歇，而外族的音乐因了通商、通婚、宗教、武功等等原因却源源不绝地输入进来。在汉代的乐歌里，已杂有西域的曲调了。到六朝时候更盛行所谓"胡夷之曲"，在《隋书·音乐志》和《唐书·音乐志》里，这情形叙述得极详细。据说从周隋以来，有数百曲的管弦杂曲，内中多用西凉乐，歌舞曲则多用龟兹乐。而这些曲调，当时人大家都非常熟悉。我们可以知道"胡夷之曲"在那时候是怎样的流行了。

其时还有南方的民歌，流传得也相当普遍，那就是所谓"里巷之曲"。

这些"胡夷里巷之曲"都是俗乐，在音乐史上有一个专名，叫做"燕乐"。"燕乐"在隋唐间自成一系统。燕乐流行后，汉魏以来的旧曲便渐归灭亡，古乐府的体制既然不适宜于今曲子，于是一种新的体式便在酝酿中了。

我们在第三讲里，曾经说起郭茂倩的《乐府诗集》内有"近代曲辞"一类，据郭茂倩说：近代曲就是杂曲，因为出于隋唐之世，所以称之为近代曲。隋文帝置七部乐，炀帝变为九部，至唐太宗又增损为十部；这些"总谓之燕乐，声辞繁杂，不可胜纪。凡燕乐诸曲，始于武德、贞观，盛于开元、天宝，其著录者十四调，二百二十二曲"。

这些乐曲的策源地，大都出于"教坊"（教坊是唐朝宫内掌教习音乐、典倡优的机关）。据崔令钦所著《教坊记》的记载，开元以来的"燕乐杂曲"，计有"杂曲"二百七十八种，"大曲"四十六种。

两者相校，其合者亦有三十二曲。

这些都是唐朝教坊流行的乐曲，或者来自"胡夷"，或者出于"里巷"。到了五代宋朝，依照了这些曲调填制新词，就是"词"了。

这里有两个问题发生：

（一）词的曲调既然早已有了，何以词的制作又晚了许多时候？据研究者的解释，一是士大夫守旧心理在作怪，他们不甘俯就"胡夷里巷之曲"做新词。二是乐工贪懒，多取名人诗篇，加了"泛声"使它合于音乐。

（二）《乐府诗集》的"近代曲辞"，内中只有极少数是长短句，可以说是确立后来的词体外，其余都是五七言诗，那么后来又怎样成为词呢？

关于这个问题的解答，自来约有四种说法：

    1.　泛声说——朱熹的《朱子语类》云："古乐府只是诗，中间却添许多泛声，后来怕失了泛声，逐一添个实字，遂成长短句，今曲子便是。"

    2.　和声说。

    3.　缠声说——都见沈括《梦溪笔谈》。

    4.　散声说——见方成培《香研居词麈》。

所谓"和声""缠声""散声"和"泛声"四者的区别很微，

换句话说，这些都是音乐中的虚声，就是曲中的有声无辞者。
四说实际只是一说，我们举例来说明：

　　木棉花尽竹枝荔枝垂女儿，千花万花竹枝待郎归女儿。
　　　　　　　　　　　　　　　——皇甫松《竹枝》
　　菡萏香连十顷陂举棹，小姑贪戏采莲迟年少；
　　晚来弄水船头湿举棹，更脱红裙裹鸭儿年少。
　　　　　　　　　　　　　　　——皇甫松《采莲子》

《竹枝》和《采莲子》原来都是唐朝的教坊曲。《竹枝》见于《乐府诗集》中的唐人作品，本是七言绝句；《采莲子》据《词律》说也是七言绝句。但到了五代时的词，如上面所引的两首，于整齐的七言句中或句尾，附有两个字的旁注："竹枝""女儿"和"举棹""年少"等，"枝"和"儿"，"棹"和"少"都协韵，"词谱"谓这是"歌时群相随和之声"，大约就是"和声"了。

《柳枝》（一名《杨柳枝》）和《竹枝》一样，原来也是一首七绝，温庭筠等都是这样填的。但五代顾夐的一首（张泌也有同样的一首）则为：

　　秋夜香闺思寂寥，漏迢迢。鸳帏罗幌麝烟消，烛光遥。
　　正忆玉郎游荡去，无寻处。更闻帘外雨潇潇，滴芭蕉。

"漏迢迢""烛光遥""无寻处""滴芭蕉"四个三字句，大约就是填实和声的歌词，而宋朝朱敦儒的一首又是不同：

　　江南岸，柳枝，江北岸，柳枝，折送行人无尽时，恨分离，柳枝。　酒一杯，柳枝，泪双垂，柳枝，君到长安百事违，几时归？柳枝。

《词律》谓"此'柳枝'二字，当如'竹枝''女儿''举棹''年少'，作和歌之语，今他无可考，仍以大字书之。"则更是把和声填作实字的好例了。

又如唐玄宗的《好时光》：

> 宝髻偏宜宫样，莲脸嫩，体红香。眉黛不须张敞画，天教入鬓长。　　莫倚倾国貌，嫁取个有情郎。彼此当年少，莫负好时光。

据《全唐诗》注云："此词疑亦五言八句诗，如'偏''莲''张敞''个'等字，本属和声，而后人改作实字。"

唐张志和的《渔父》：

> 西塞山前白鹭飞，桃花流水鳜鱼肥。青箬笠，绿蓑衣，斜风细雨不须归。

原来也是一首七言绝句诗，特于第三句减少一个字，化成三言的两句。

凡此种种，都足以看出词是怎样从诗里蜕化出来的。《全唐诗》注所云："并和声作实字，长短其句，以就曲拍者。"也就是指此。唐代的乐府歌词原来是和乐曲分离的；诗人自作律绝诗，而乐工伶人谱为乐歌。中唐以后，歌词与乐曲渐渐接近；诗人取现在的乐曲，依其曲拍，作为歌词，这就成为长短句。

词的起源既明，我们要进而论词的发展了。

胡适在《词选序》里说的一段话，还可作为参考："文学史上有一个逃不了的公式。文学的新方式都是出于民间的。久而久之，文人学士受了民间文学的影响，采用这种新体裁来做他们的文艺作品。文人的参加自有他的好处：浅薄的内容变丰富了，幼稚的技术变高明了，平凡的意境变高超了。但文人把这种新体裁学到手之后，劣等的文人便来模仿；模仿的结果，往往学得了形式上的技术，而丢掉了创作的精神。于是这种文学方式的命运便完结了，文学的生命又须另向民间去寻新方向发展了。"

"词"，这种文体当然也不例外。我们也可以把词史划分做三个时期：

（一）胚胎形成期

（二）创作全盛期

（三）模拟仿效期

现在我们依次来叙述。

第一期胚胎形成期，先是融冶胡夷里巷之曲为己有，这时候的词，是有曲而未必有辞的。继而利用了胡夷里巷之曲以及皇族豪家的创制，作为新词。这时候是曲旧而词则新创。大约从隋唐之间到开元、天宝时是前期，而天宝后直到唐末是后期。这时期的作家，我们从略了。

第二期创作全盛期是词的黄金时期。新词和新调不断地创作，为这时代文学的主要形式。从五代到南宋末都可归入这期之内。

五代的词以《花间集》为代表。我们就从这本书谈起。

《花间集》为蜀人赵崇祚所编，成书的年代当在五代的后半叶。全书录词五百首，作家十八人，分为十卷。

这十八个词人构成了所谓"花间派"，替后来的许多词人开了一条大路。这五百首词大都是为娼家的妓女和教坊的乐工作的，所以都采用妓女乐工的语言声口，因此作者的个性都不能够充分表现，风格都很相类。至于内容，则也很简单，不是相思，便是离别，不是绮语，便是醉歌，所以用不着标题，所有的词都是无题的。

《花间集》十八个作者中，并非都是五代时人，第一个温庭筠便是唐末人。他是初期词坛上的第一位大作家。所谓"花间派"，他仿佛是一个宗教主。他的词，以绮靡侧艳为主，所写的是离情、别绪、无奈的轻唱、无名的愁闷。他本是一个音乐家，《唐书》说他"能逐弦吹之音，为侧艳之词"。《花间集》以他为首，确是有其缘故的。这里引一首《更漏子》为例：

> 玉炉香，红蜡泪，偏照画堂秋思。眉翠薄，鬓云残，夜长衾枕寒。　　梧桐树，三更雨，不道离情正苦。一叶叶，一声声，空阶滴到明。

《花间集》十八个作家中，温、韦是并称的。韦庄，西蜀人，他的词多真情实景，所以动人的力量格外大。他正好和温相反，温词秾艳，韦词清淡。相传他的一个姬人为蜀主王建所夺，他作《荷叶杯》一词以念她，她见了词不食而死。这事未必真，但词却极凄婉：

> 记得那年花下，深夜，初识谢娘时。水堂西面画帘垂，携手暗相期。　　惆怅晓莺残月，相别，从此隔音尘。如今俱是异乡人，相见更无因。

《花间集》固然是五代词的大本营，但五代词不仅"花间"一派，在江南，还有南唐中主、后主和冯延巳三位大作家。

"花间"诸贤，都以艳丽著称，但南唐二主却一扫此风，以自抒身世之感，与悲悯之怀。因为他们遭罹多故，刺激过甚，故进作恻怆哀怨之音。词境便和温韦不同了。

中主李璟所传词虽不多，但极高隽，能哀而不伤，以《山花子》两首最负盛名，录一首如下：

　　菡萏香销翠叶残，西风愁起绿波间。还与韶光共憔悴，不堪看。　　细雨梦回鸡塞远，小楼吹彻玉笙寒，多少泪珠何限恨！倚栏干。

至于后主李煜，则初期的，正当他江南隆盛之时，密约私情，是词中的主题，温馥柔美，和温韦又别有不同。描写宫中豪侈生活的，如《浣溪沙》：

红日已高三丈透，金炉次第添香兽，红锦地衣随步皱。佳人舞点金钗溜，酒恶时拈花蕊嗅，别殿遥闻箫鼓奏。

风流狎昵之作如《菩萨蛮》：

　　花明月暗笼轻雾，今宵好向郎边去，刬袜步香阶，手提金缕鞋。　　画堂南畔见，一晌偎人颤，奴为出来难，教郎恣意怜。

到了亡国后，每天以眼泪洗面，尽是哀痛之语，和前期的大不相同了。这里举几首最为世人所激赏的供大家鉴赏：

无言独上西楼，月如钩，寂寞梧桐深院锁清秋！
剪不断，理还乱，是离愁，别是一般滋味在心头。

——《相见欢》

帘外雨潺潺，春意阑珊。罗衾不耐五更寒，梦里不知身是客，一晌贪欢。　独自莫凭栏，无限江山，别时容易见时难。流水落花春去也，天上人间。

——《浪淘沙》

春花秋月何时了？往事知多少？小楼昨夜又东风，故国不堪回首月明中！　雕栏玉砌应犹在，只是朱颜改。问君能有几多愁，恰似一江春水向东流。

——《虞美人》

冯延巳，字正中，也是一个了不得的词人。他的词蕴藉浑厚，缠绵委婉，境界也很高。在五代词人中，除了温、韦、后主外，再没有人足以和他相比了。录《归国遥》一首：

江水碧，江上何人吹玉笛？扁舟远送潇湘客。
芦花千里霜月白，伤行色，来朝便是关山隔。

讲到这里，字数又不少了。两宋词是词的最高峰，还没有一字讲到，只好再延续到下一期了。

三、《宋词三百首》——一部最精粹的词选

就词的历史说，宋代是词的黄金时代；而就宋代的文学史说，则词是宋的时代文学。昔人所谓"唐诗""宋词""元曲"，就是说，一时代有一时代特长的文学，词是宋代最特出的一种文学。所以我们讲到词，非得把宋词特别提出来详讲不可。

以前人讲宋词，往往划分为"北宋词"和"南宋词"两个部分，有什么"词至北宋而始大，至南宋而遂深"的话。其实，南北宋之分，最惬当的当然只限于政治史上，在词史上究嫌不大自然，使人有笼统之感。

也有人把宋词分做"婉约"和"豪放"两个派别来讲的，说秦观、柳永等代表婉约派，苏轼、辛弃疾等代表豪放派。这也不是科学的分法，未能免于笼统模糊之病。相传苏东坡有一天，问他的门客道："我的词比柳耆卿的怎样？"那个人答说："柳郎中的词，只配十七八岁的女孩子手按红牙拍，歌'杨柳岸晓风残月'（按此系柳永《雨霖铃》词中句），你苏学士的词，却须关西大汉手执铁绰板，唱'大江东去'（按此系苏轼《念奴娇》词中句）。"所谓婉约、豪放之分，就基于这故事，实际东坡词不尽是豪放的，也有极婉约的。而且所有宋词也不能完全纳于这两个形式之中，所以这两种分类法都不能依据。

近来有许多人讲宋词，都把宋词的演进分做六个阶段来讲，我们不妨采用他们的说法。

（一）五代词的特色是令词的发展。宋的第一阶段是五代词的延续，换句话说就是小令的继续发展。这阶段的作家，其作风完全和花间派及南唐二主、冯延巳等相同（冯词往往混作

欧词，欧词又往往混作晏氏父子词，就为了这缘故），真挚清隽，是其特色。又因南唐中主曾经一度迁都南昌，因此这时期的作家如晏、欧等人都是江西人，这又是南唐的流风遗韵存于宋初之明证。

晏殊字同叔，江西临川人，他可以说是北宋初期第一个大词人。他官至宰相，享尽荣华，但是他又是一个大天才，所作小词，"风流蕴藉，一时莫及"。刘攽说他"尤喜冯延巳歌词，其所自作，亦不减延巳"。说得极是。他的代表作是《浣溪沙》：

> 一曲新词酒一杯，去年天气旧亭台，夕阳西下几时回？　　无可奈何花落去，似曾相识燕归来，小园香径独徘徊。

这种千回百折，哀感无端的情致，实与李后主相近。词集有《珠玉词》。

晏殊的儿子几道，有《小山词》，也是一位大词人。这派小令的作家，到了他，可以说是"登峰造极"了。他的词意格极高超，结构极精密，是令词中的最上乘，就是他的父亲也有所不及。黄庭坚说他"寓以诗人之句法，清壮顿挫，能动摇人心"，确非虚语。他最有名的词是《临江仙》：

> 梦后楼台高锁，酒醒帘幕低垂，去年春恨却来时。落花人独立，微雨燕双飞。　　记得小蘋初见，两重心字罗衣，琵琶弦上说相思。当时明月在，曾照彩云归。

小蘋是歌姬的名字，这首词当系他别后追忆所作，昔人评称"既闲婉，又沉着，当时更无敌手"。而"落花二句，为千古未有之名句，末二句正以见其柔厚"。

在晏几道之前，继晏殊以令词名家者为欧阳修。他本来是一位散文作家，他的古文，继承着唐代的韩、柳，从事于文学的复古运动，以"道统"自任。就在他的五七言诗中，也看不出他是一位怎样富于感情的诗人。唯有在词中，却显出他的本来面目了，他的词极婉丽之致，和他的诗格绝不相同。词集有《六一词》《近体乐府》及《醉翁琴趣外编》三种不同的版本。这里举他的一首《生查子》为例（这首有作朱淑真词者，实误）：

去年元夜时，花市灯如昼；月上柳梢头，人约黄昏后。

今年元夜时，月与灯依旧。不见去年人，泪湿春衫袖。

这词婉转动人，最能显出他的特色。

（二）宋词的第二阶段是"慢词"的发展。当小令发展到登峰造极，无可再发展的时候，受了教坊新曲的影响，慢词便代之而发展下去。因为这时候，中原不再有战祸，汴京非常繁盛，歌舞的地方大家都唱新歌。这时候柳永失意无聊，时常流连于教坊间，遂尽收俚俗语言，编入词中，以便伎人的传习。他这样的因了教坊乐工的要求，而以迎合社会一般心理为鹄的，创作许多慢词，便把词的领域扩大了。柳永之外以慢曲擅场的，有张先、秦观等。

柳永，字耆卿，初名三变。因为老是在妓馆歌场里来往，所以操行很儇薄。他的词流传很广，"凡有井水处，即能歌柳词"。宋仁宗也很喜欢他，当时有人举荐他，仁宗问道："他不是填词的柳三变吗？"回答说是的。仁宗说："那么，还是让他去填词罢！"还有一个传说，说他去应试，仁宗因他有一首《鹤冲天》词，内有句云："忍把浮名，换了浅斟低唱。"就没有取他，说道："且去浅斟低唱罢，何必要什么浮名！"后来改了别的名字，方才考中了。他的词集名《乐章集》，他的词既多应歌之作，又为迎合倡家心理，所以风格不高，常有恶劣的语句。但缠绵细腻，自是他的长处。他的词情调虽相类，而辞意却绝不相同；我们读《花间集》，往往有雷同重复之感，但读《乐章集》，则决无此感。柳词的好处，在能细细地分析出离情别绪的最内在的感觉，又能细细地使用最足以表达这境界的辞句来表达它。如果说"花间"的长处在于"含蓄""不尽"，则柳词的长处即在于"奔放""尽"。昔人谓柳词"铺叙展衍，备足无余"，确是的评。他的代表作是《雨霖铃》：

> 寒蝉凄切，对长亭晚，骤雨初歇。都门帐饮无绪，方留恋处，兰舟催发。执手相看泪眼，竟无语凝噎。念去去千里烟波，暮霭沉沉楚天阔。　　多情自古伤离别，更那堪冷落清秋节。今宵酒醒何处？杨柳岸晓风残月。此去经年，应是良辰好景虚设。便纵有千种风流，更与何人说。

和柳永并称，也是常作慢词的，有张先，字子野，官郎中。著《安陆词》。相传有客问张先说，大家都唤你做"张三中"，就是"心中事、眼中泪、意中人"是也。张先回答道，何不叫我"张三影"，我的词中，有"云破月来花弄影""娇柔懒起，帘压卷花影""柳径无人，堕飞絮无影"等句，都是平生得意

之笔。"三影"中尤以"云破月来花弄影"为最著,这是他的《天仙子》中的一句,原词全文如下:

> 水调数声持酒听,午睡醒来愁未醒。送春春去几时回?临晚镜,伤流景,往事后期空记省。
>
> 沙上并禽池上暝,云破月来花弄影。重重翠幕密遮灯,风不定,人初静,明日落红应满径。

张先虽与柳永齐名,但当时人颇有以为他不及柳者,柳词风格甚低,张先的风格并不一定比他高,不过恶劣的气味比柳为少。他对于慢词,做得并不多,而且也未见得怎样好。倒是小令,很有许多句子,真是娇媚欲透纸背。他有技巧,但没有豪迈奔放的气势;有纤丽,但没有健全创造的勇力。实际说,张先是第一阶段的作家,我们因为向来都是柳张并称,所以列在这一阶段里。

秦观,字少游,有《淮海词》。他的词也以"婉约"称,很受柳永的影响;他的意境,固然稍胜于柳词,但有时也还不免俗气,而他的气魄又没有柳永大。他是一个谨慎小心的作者,善于置景措辞,遣情使语,所以他也是小令比慢词好。《满庭芳》是他的一首名作:

> 山抹微云,天粘衰草,画角声断谯门。暂停征棹,聊共引离尊。多少蓬莱旧事,空回首烟霭纷纷。斜阳外,寒鸦数点,流水绕孤村。
>
> 消魂,当此际,香囊暗解,罗带轻分,漫赢得青楼薄幸名存。此去何时见也,襟袖上空染啼痕。

伤情处，高城望断，灯火已黄昏。

这首词能融情景为一，是其特点。他的写景处，即蕴藏着他的情怀。他抒情的委婉，写景的清丽，确能做到咀嚼无滓，久而知味的地步。

（三）令词发展到了极点，慢词兴起，慢词流行既广，于是到了第三阶段"曲子律"解放的时期。以前的词，都是以应歌为主，所以在形式方面首要是协律，在内容方面都是些男女思慕和伤离念远之情。到了苏轼，以绝顶的天才，不顾一切，破除狭隘之观念，和音律之束缚，并从事内容上的革新，造成所谓"豪放"一派。从此词不再是靡靡之音，且又渐渐和音乐脱离了。

苏轼字子瞻，号东坡，本是诗人，又是古文家，在文学史上是一个怪杰。他的词集有《东坡乐府》。词一到了他的手里，顿然大变：一是新的意境提高了风格，换句话说，就是豪放代替了婉约。词不再只写哀怨凄婉之情，也写雄壮与飘逸之概了。二是"以诗为词"。词一向不能脱离音乐而独立，它的限制极多；东坡却把词只当是诗的一体，不必定要写儿女离别，夫妻相思，只要是情感，是思想，都可作词。所以他的词可以咏史，可以吊古，可以说理，可以谈禅。晁补之说他的词："人谓多不谐音律，然横放杰出，自是曲子内缚不住者。"如他的名作《念奴娇》：

大江东去，浪淘尽、千古风流人物。故垒西边，人道是：三国周郎赤壁。乱石崩云，惊涛裂岸，卷起千堆雪。江山如画，一时多少豪杰。　遥想公瑾当年，小乔初嫁了，雄姿英发。羽扇纶巾，谈笑间、强虏灰飞烟灭。故国神游，多情应笑我，早生华发。
人间如梦，一尊还酹江月。

这首词，语意高妙，有如史论，真是古今绝唱。然而他也有清
空灵隽的作品，如《卜算子》：

缺月挂疏桐，漏断人初静。时见幽人独往来，
缥缈孤鸿影。　　惊起却回头，有恨无人省。拣尽
寒枝不肯栖，寂寞沙洲冷。

全首一气呵成，在小令中也是前所未有的。

贺铸，字方回，有《东山寓声乐府》。他的词常常摘取本
词中语，给它题上一个新名，如一首《满江红》他题为《伤春
曲》，一首《满庭芳》题为《潇湘雨》等是。所谓"寓声"，大
约就是指此。也可以说是"以诗为词"之一例，他只是用一种
新的诗体来作他的新体诗，与旧曲调没有关系。他原和周邦彦
并称，间接也受苏轼的影响，因此我把他列在这里。他的技术，
在声调文字两方面，都有极深的造诣。他的词语意清新，又能
出以奇崛之笔，实兼"豪放""婉约"二派之长。他曾经住在
苏州，在盘门外十余里名叫横塘的地方，筑一所别墅，常常往
来其间。作《青玉案》词云：

凌波不过横塘路，但目送芳尘去。锦瑟年华谁
与度？月桥花院，琐窗朱户，只有春知处。　　飞
云冉冉蘅皋暮，彩笔新题断肠句。若问闲情都几许：
一川烟草，满城风絮，梅子黄时雨。

贺铸这首词，在那时很负盛名，当时人呼他"贺梅子"。

（四）宋词的第四阶段是典型词派的构成。自从东坡解放词体以后，词和音乐的距离渐远了，而当时人很多的把"要非本色"来讥笑他，因为他不协音律的缘故。恰巧那时候一位徽宗皇帝，制礼作乐，特地设立一个"大晟府"，是当时国立的最高音乐机关。延请许多音乐家和文学家到这个机关里来整理乐曲，制造歌词。主持这事情的是负一代词名的周邦彦和诗赋老手的万俟雅言，因此成绩特别美满。凡所制作，都成为后代典型，于是宋词又到了新的阶段，回到讲求音律的路上去了。

周邦彦，字美成，号清真，有《清真词》。他生平好音乐，能够自己唱自己的歌曲，又尽力于辞章。所以他的作品，词句雅丽，技术精巧，既不像苏轼的不协律，又没有柳永的低劣气味，确是一位典型的集大成的作家。在当时，无论贵人、学士、市侩、妓女都知其为可爱。这个缘故，与其说一般人欣赏他的文艺，不如说爱悦他的谐美的音律。不过到了现在，我们的听官已没福享受的了，当然仍和诗一样看法，只能体会他的意境，玩味他的风格。一般的说来，他的优点，我们可以分三方面讲：一是字句方面，他善于融化诗句，常常把唐诗改造成自己的词句，混然天成，一些不露痕迹。二是结构方面，长调难于结构严密，周词多长调，对于结构章法，极有佳妙的地方。三是笔力方面，他的笔力沉郁顿挫，极奇崛之趣。词集中虽多的是儿女柔情，然而他"能大笔振迅，幽咽而不流于纤靡，富艳而不失之狂荡"。梁启超把他的表情法列为"吞咽式"而推为"促节"圣手，说"他们在饮恨的状态底下，情感才发泄到喉咙，又咽回肚子里去了，所以音节很短促，若断若续"。其实，这正是他的笔力奇崛处。这里，我引一首短词《少年游》：

> 并刀如水，吴盐胜雪，纤手破新橙。锦幄初温，兽香不断，相对坐调笙。　　低声问，向谁行宿，城上已三更。马滑霜浓，不如休去，直是少人行。

周济说，这是"本色佳制"。谭献说："丽极而清，清极而婉。"

在这一个时期的最后，有一位伟大的女作家李清照出现，她的光彩照耀得很明亮。李清照，号易安居士，李格非的女儿，赵明诚的妻子，有《漱玉词》。她在中国文学史上可说是女作家中最著名的一个，才气纵横，所作词婉约而不流入柔靡，清隽而又具逸思，实是一位大词人。可惜的是她的词流传到现在的并不多，佚失了不少。她最有名的是一首《声声慢》：

> 寻寻觅觅，冷冷清清，凄凄惨惨戚戚。乍暖还寒时候，最难将息。三杯两盏淡酒，怎敌他晚来风急。雁过也，正伤心，却是旧时相识。
>
> 满地黄花堆积，憔悴损，如今有谁堪摘。守着窗儿，独自怎生得黑。梧桐更兼细雨，到黄昏点点滴滴。这次第，怎一个愁字了得。

此词历来批评家莫不赞赏，开首连用十四个叠字，真是前无古人；而音调又极悦耳，尤为不易。

（五）宋词的第五阶段，说也可笑，又回复到了第三阶段，继承着苏轼的系统，而加以发扬光大。自从周邦彦死后，北宋也完了，大晟府的遗音几乎无存。这时宋朝的天下只剩半壁，慷慨悲歌之士，个个都非常激昂，各抱恢复失地的雄心。而朝廷内的政治，又是极端腐败。所谓不平则鸣，于是横放逸出的歌词便应运而生了。表现在词中的热情，苍凉悲壮，充分显出英雄的本色。岳飞的《满江红》词便是最好的一例。词体到了这个阶段，解放已达到极点，而辛弃疾是这派的最高峰。

辛弃疾，字幼安，号稼轩，有《稼轩长短句》。当他在二十岁的时候，从金国领兵南归，不能达成中兴宋室的热望，以发展他的志愿，于是只得把满腔抑郁无聊之气，寄之于词了。他的词，气魄极雄大，意境却极沉郁。他有的是豪壮的热情，高旷的胸怀，加以历年的人生遭遇，因此他的词凝成了一种独特的风格。比起苏轼来，他当然是更沉着，更美备了。而"无意不可入，无事不可言"的写作态度，也更进一步，差不多把整个的自己都织进在词里。辛词的特点，归纳的说起来，一是英雄抱负的充分表现，二是语汇的丰富（他几乎把经史庄骚的词句都引进去，致有"掉书袋"之讥）。从前人说东坡是"词诗"，而稼轩是"词论"，词而可作议论文看，真是别开生面的了。他的《菩萨蛮·题江西造口壁》是他的一首名作：

> 郁孤台下清江水,中间多少行人泪。西北望长安,
> 可怜无数山。　　青山遮不住,毕竟东流去。江晚
> 正愁余,山深闻鹧鸪。

造口是从北至南的要道，宋人为了逃避金人的侵略，纷纷都从这里经过，逃往南去。作者经过这里，想到了当时颠沛流离的情形，就在壁上题了这首词。笔力遒劲，好象生铁铸成的，不可移动，看来很浅近，实很深厚。再引一首《贺新郎》以见他的奇特的语汇是怎样的情形：

甚矣吾衰矣。恨平生交游零落，只今余几。白
发空垂三千丈，一笑人间万事。问何物能令公喜？
我见青山多妩媚，料青山见我应如是。情与貌，略
相似。　　一尊搔首东窗里，想渊明停云诗就，此
时风味。江左沉酣求名者，岂识浊醪妙理。回首叫
云飞风起。不恨古人吾不见，恨古人不见吾狂耳。
知我者，二三子。

（六）词到了南宋，可说发展已达顶点，于是进而求其典
雅化。这是第六阶段。南宋的达官贵人，习于苟安，悲愤激昂
的情绪早已没有了，家里畜着歌姬，终日追求声色之好。于是
达官贵人之家代替了大晟府，为新曲产生之地。遇到一位文士
填了一首词，立刻谱了曲拿给家妓去歌唱；知音者又从而商订，
于是文字益求典雅，声律益求精严，大众的艺术变为贵族文
人的特殊阶级所独享了。这一派词因为曲调与歌词都由文人
一手包办，而唱者与听者又都属于特殊阶级，所以意境和音
节都不容易为普通一般人所了解，典雅之极叫人看不懂，是
一个大缺点。胡适之先生因之称为"词匠的词"。这一期的代
表人物是姜夔。

姜夔字尧章，号白石道人，有《白石道人歌曲》。他同周
邦彦一样，精通音律。他喜欢自制歌曲，他在一首诗里，曾
有句道："自作新词韵最娇，小红低唱我吹箫。"小红是他的
家妓，这是一个很好的说明。他的词长于音调的谐婉，但往
往因了音节而牺牲内容。我们读起来，常常觉得音节很自然，
清新而佳妙；如果细细地体味其意境，却又觉得极平常。他

的气魄也不大，清人周济说得好："吾十年来服膺白石，而以稼轩为外道。由今思之，可谓扪籥也。稼轩郁勃故情深，白石放旷故情浅；稼轩纵横故才大，白石局促故才小。"录自度曲《扬州慢》如下：

> 淮左名都，竹西佳处，解鞍少驻初程。过春风十里，尽荠麦青青。自胡马窥江去后，废池乔木，犹厌言兵。渐黄昏，清角吹寒，都在空城。
>
> 杜郎俊赏，算而今重到须惊。纵豆蔻词工，青楼梦好，难赋深情。二十四桥仍在，波心荡冷月无声。念桥边红药，年年知为谁生。

姜夔以后，有吴文英、史达祖、王沂孙、张炎等人，都是这一系统的词人。他们都受姜的影响，都具有姜的一体，但没有姜的诗才，没有真实的情感，和新创的意境，所以搬来搬去，只有一些成语古典而已。综合的说，这些词有两个特征：第一是重音律而不重内容，我在前面文章里讲过，"琐窗深"因为不合律，一改再改，改成"琐窗明"，把意义都改掉了。第二是侧重咏物，又多用古典。初学的人是不须细研究的，所以我一概略去不谈。

五代至宋是词的黄金时期，我在上期曾把它划入词史的第二期。第三期是模拟仿效期，从元到清都可算这期。既然是"模拟仿效"期，那当然更可以略而不谈了。

再说要研究宋词读什么书。

宋词的别集（就是每一个词人的个人词集），种类既繁，分量又多，要研读，不是一个青年所能办的。那么，只有读选本，就是所谓"总集"。可是选本,现存的也不少,总在数十种以上。有名的如宋人的《花庵词选》《绝妙好词》,清人的《词综》《词选》《词辨》等,不是有时代的偏见,就是有个人的主观,加以有的选得太宽,有的太严,因为选者和作家的宗派不同,遂失平允。这在初学的人是不易辨别的,所以不适宜读它们。

比较起来最平正无疵的,大家都推民初朱祖谋所选的《宋词三百首》。本书选词的标准,以浑成为归,典雅为上。因此南宋末年诸家选得很多,这些词我在上面说过,不是普通一般人所能了解,尤其是初学者。《宋词三百首》虽则已有唐圭璋的"笺",恐仍非初学者所能懂得。林大椿的《唐五代词》,文学古籍刊行社本;俞平伯的《唐宋词选释》,人民文学出版社本;龙榆生的《唐宋名家词选》,古典文学出版社本;《唐宋词格律》上海古籍出版社本;夏承焘、盛静霞的《唐宋词选》,中国青年出版社本;胡云翼的《宋词选》、沈祖棻的《宋词赏析》,都是上海古籍出版社本;可参考。

第八讲 《蝶恋花》和《董西厢》
——鼓子词和诸宫调

讲过了词，我要继续讲几种应用了词制成的作品。

我在本讲话的第六讲里，曾经说起敦煌发现的变文影响于后来的文学很大。变文是唐代的产物，到了宋朝，受了它的感化的作品纷纷出现。在那时，变文的名称早已销声匿迹了，讲唱变文的风气也似乎听不见了，但变文的体制却深入民间，蜕变成种种新的文体。这次我要讲的"鼓子词"和"诸宫调"，便是其中最重要的两种——这两种和变文一样，都是叙事体的讲唱文学，而非代言体的戏剧文学，虽则元代的杂剧是由这些东西再蜕化而成的。

鼓子词产生在诸宫调之前，而在鼓子词之前复有同性质的"大曲"。

我们从"大曲"讲起。

大曲是一种舞曲，在唐以前，很早就从西域输入中国了。乐府诗中的近代曲辞和词，可以说都是以大曲为种子滋生出来的东西。

关于大曲的音乐方面和戏剧方面的情形，一则尚待考证，二则不是这一讲范围内的事，所以略而不谈。现在只讲它的文辞。

　　大曲文辞的原始形式，现在已不可知了。唐代大曲现在只存几个名目，歌辞早已失传。宋代的大曲，所存也不多，其完整的只有下列三种：

　　　　（一）董颖著《道宫薄媚》（见曾慥的《乐府雅词》所选）

　　　　（二）曾布著《水调歌头》（见王明清的《玉照新志》所引）

　　　　（三）史浩著《采莲》（见《彊村丛书》本《鄮峰真隐大曲》）

就这三篇而论，都是叙事的歌曲。一曲的字数有限制，要叙述一个故事，必须把一曲连用几遍，方才能够容纳整个故事。"词"向来只是用以抒情的，"大曲"却伸展到叙事的场地去了。宋人也有取大曲中的一遍填写作词的，如《六幺令》《梁州令》《伊州》《石州引》《大圣乐》《泛清波摘遍》等，都是从大曲中摘出片段的音调而成为词的。

　　现在我们把这三篇大曲来考察一下：

　　所谓《道宫薄媚》者，"道宫"是宫调名（燕乐二十八调中，道宫是宫声七调的第四调），"薄媚"是这一曲的牌名，但和词中的《薄媚》调句格不同。董颖这篇大曲还有个副题是《西子词》，叙的是西施亡吴的故事。全曲共十段："排遍第八""排遍第九""第十攧""入破第一""第二虚催""第三衮遍""第四催拍""第五衮遍""第六歇拍""第七煞衮"。每段一曲，各段句格的长短并不相同，不过略相类似，并且都是上下两片。为什么八、九两曲反在前面，我们已无法知道。

《水调歌头》咏冯燕事（冯燕的故事见唐沈亚之的传奇《冯燕传》），共七段："排遍第一""排遍第二""排遍第三""排遍第四""排遍第五""排遍第六带花遍""排遍第七撷花十八"。每曲的句格长短也不一律，第一首和词的《水调歌头》调似乎有些相类，其余的就不然了。《带花遍》和"撷花十八"，都是所谓"花拍"，大约唱法上有分别。

《采莲》的副题为《寿乡词》，乃颂其乡中的景物。共分八段："延遍""撷遍""入破""衮遍""实催""衮""歇拍""煞衮"。每曲的句格也不同。这些奇奇怪怪的名称，大约都是唱法的区别，每段的唱法，快慢各不相同，犹之现在平剧中的"倒板""快板""慢板""摇板""回龙腔"等等一样。

这三篇的文辞都很晦涩，未见得精采，所以这里不引录了。除了这三篇以外，在史浩的《鄮峰真隐大曲》里，还有《采莲舞》《太清舞》等六篇，可以算是纯粹的歌舞剧，着重在舞，这里也略而不谈。

据宋朝王灼说："凡大曲有散序、靸、排遍、撷、正撷、入破、虚催、实催、衮遍、歇拍、煞衮，始成一曲，谓之大遍。"至于段数，有多至数十段的，然可以归纳成三个阶段：散序和靸是第一阶段，"声音不相侵乱，乐之正也。"其次三类是第二阶段。"自入破以后侵乱矣，至此郑卫也"则是第三阶段了。然而我们就现存的三曲来看，则都没有用全，足见作者可以自由编排的。

从这三篇大曲里，我们又知道大曲叙述故事，仅有歌唱部分而没有念白部分（即使原来有，现在也亡失了）。

到了"鼓子词"出现，就明显的可以看出它是受了变文影响的一种产品。鼓子词是小型的变文，有说有唱，以散文和韵文交杂组合而成。歌唱的部分好像就是大曲。

鼓子词是宋代的作品，在当时必很流行，陆放翁有诗道："斜阳古柳赵家庄，负鼓盲翁正作场。死后是非谁管得，满村听取蔡中郎。"（《舍舟步归》四首之一）负鼓盲翁所唱的，大约就是鼓子词。据赵令畤的《商调蝶恋花》所说，崔莺莺的故事"惜乎不被之以音律，故不能播之声乐，形之管弦"。则鼓子词除了一面鼓外，又有管弦作伴奏。伴奏者名叫"歌伴"。大约和现在北方所唱的大鼓书相仿佛，唱者自己击鼓，另外有一二人司管弦。

不过宋代的鼓子词在当时虽极盛行，但流传到现在的却很少，也许比大曲更少。我们现在所能确实知道的，只有赵令畤《侯鲭录》中所载的《商调蝶恋花》一篇。

赵令畤，字德麟，宋朝的宗室。他因为"才美"，为苏东坡所"深识"。唐朝元稹有《莺莺传》（一名《会真记》）传奇文（参阅本书第五讲），赵氏便把这故事做成一种名叫《元微之崔莺莺商调蝶恋花词》的鼓子词。

这篇鼓子词，他把《莺莺传》的原文截取为十段，再加首尾两段（一起一结），即作为散文部分；另外填《蝶恋花》词十二阕，作为歌唱部分。每一段散文后，加《蝶恋花》一阕，这样的形式，构成了鼓子词的整个体制；和变文相比，可说完全相同，不过篇幅少得多了。

现在先把开首一段节录在下面：

> 夫传奇者，唐元微之所述也。……倡优女子皆能调说大略。惜乎不被之以音律，……好事君子，极宴肆欢之余，愿欲一听其说。……今因暇日，详观其文，略其烦亵，分之为十章，每章之下，属之

以词。或全撷其文，或止取其意，又别为一曲，载之"传"前，先叙全篇之义。调曰"商调"，曲名《蝶恋花》。句句言情，篇篇见意。奉劳歌伴，先定格调，后听芜词。

丽质仙娥生玉殿，谪向人间，未免凡情乱。宋玉墙东流美盼，乱花深处曾相见。　密意浓欢方有便，不奈浮名，旅遣轻分散。最恨多才情太浅，等闲不念离人怨。

我们再引中间的一段：

是夕红娘复至，持彩笺以授张曰："崔所命也。"题其篇曰《明月三五夜》。其词曰："待月西厢下，临风户半开。隔墙花影动，疑是玉人来。"奉劳歌伴，再和前声。

庭院黄昏春雨霁，一缕深心，百种成牵系。青翼蓦然来报喜，花笺微谕相思意。　待月西厢人不寐，帘影摇光，朱户犹慵闭。花动拂墙红萼坠，分明疑是情人至。

宋人的鼓子词，除了这一篇外，在《清平山堂话本》里，还发现一篇《刎颈鸳鸯会》，其体式正和《商调蝶恋花》相同。韵文部分是十首《商调醋葫芦》小令，散文部分则为白话的叙事；而在每段散文的末句，亦有"奉劳歌伴，先听格律，后听芜词"，或"奉劳歌伴，再和前声"的话。的确也是一篇鼓子词，不过没有标明罢了。

类乎鼓子词,还有一种名叫"转踏"的,也是叙事歌曲的一流。"转踏"一名"传踏"或"缠达"。和鼓子词不同的地方,是散文部分变成了诗句。它把一首诗和一阕词相间组织,而词也是用同一的词调若干首,并不变换。鼓子词是讲唱的,转踏则是歌舞的。因为一面歌一面舞,所以不能再有说白,而把另一种韵文来代替散文,并且前面加"致语"(也有再加"口号"者),最后加"放队"。

每篇转踏固然有仅咏一个故事如鼓子词者。但今所存的,却大都是"调笑转踏"(《乐府雅词》里有三篇,秦观、黄庭坚、毛滂、洪适等的词集里各有一篇),每一曲各叙一事,全篇连续的叙述性质相同的若干事。也有纯然是抒情小歌而并无故事的。可见转踏的格律虽然固定,而其题材却是千变万化,不尽相同的。

因为讲鼓子词,乘便把转踏也略为一讲,引例只好省去了。此外,和转踏相类似的有"曲破",也是一种宋代流行的舞曲,规模似乎比转踏为大。

"唱赚"的体制可更大了。我们前面讲过,大曲和鼓子词都是用同一词调反复歌唱,唱赚所用的"赚词"却不然,它从同一的宫调里,选取了几支不同的曲子,组成一个有引子有尾声的"套曲"来歌唱,这样,听起来便觉得复杂多了,不像大曲和鼓子词那么单调。

我在这一讲里作为最主要的讲述部分的"诸宫调",则是宋代讲唱文学里体制最宏伟,音调最繁复的作品了。它上面继承了变文,下面引起金元的杂剧,在中国文学史上也是一种极关重要的文体。

诸宫调的父系祖先当然是变文,母系祖先则是唐宋词和大曲,但比之变文和大曲却更为进步。

诸宫调的体制完全和变文一样,由散文和韵文交互组织而成。

散文部分和变文没有什么大不同，变文的散文部分是生硬而幼稚的白话文，或者是堆砌的骈偶文；诸宫调则有的用比较近现代口语的白话文，有的用古文。唱的部分却大不同了：变文老是用三言七言或者五言六言的旧法式，诸宫调比赚词更进一步，从各种不同的宫调里选取不同的曲子来组成各种套式；并且来源又不止一种狭小的范围，从唐宋词调、唐宋大曲、宋赚词、宋杂剧词以及宋金元流行的曲调里，任意的采取可用的资料和悦耳的新声。诸宫调作者们的创作力和组织力是非常强大的。

唐代的燕乐凡二十八调，宋代教坊所奏的则只有十八调，到元代杂剧所用仅十二调，后又减为五宫四调。诸宫调所使用的和宋教坊乐曲相比，虽则有所出入，然大致相同，我们可以明白诸宫调究竟是宋代的东西。它又不仅袭用旧调，还创造新声，或引用新声进来呢。

至于它的联套，就是组织成套的方式，可以归纳为：

1. 一曲独用者；
2. 一曲或同样的二曲（或二曲以上），并附以尾声者；
3. 二曲或二曲以上（最多有十八曲），并附以尾声者。

诸宫调这文体的出现，大约在北宋末年。首创诸宫调者是泽州人孔三传。孔三传的生平和他的作品，现在已一无所知了，就是和他同时人的作品，也不可得见。流传至今日，我们得以阅读的，仅有下列三种：

1.《西厢记诸宫调》——有首尾完整的全本；
2.《刘知远诸宫调》——残存其中一部分；

3.《天宝遗事诸宫调》——原本已佚，只存几个联曲。

《西厢记诸宫调》，金董解元作。董解元的身世，现在已经不可知了。本书旧称《挡弹本西厢记》，或称《西厢挡弹词》和《弦索西厢》（这是因为说唱诸宫调用弦索伴奏，不像鼓子词那样的用管弦），又称《董解元西厢记》或《董西厢》。知道这种体裁叫诸宫调，是近人王国维氏考证的结果。本书明清两代的刻本有五六种之多。以后有凌景埏注本。

全书共一百八十八段，用曲一百六十九首，敷衍了一个流行的崔莺莺故事。

在情节上，它变易了《会真记》原来的故事，《蝶恋花鼓子词》就原文加几首唱词，毫无阐发，它却不同了。《会真记》结末叙张生和莺莺竟绝，莺莺另外嫁给别人；《董西厢》则使崔、张终于团圆，以迎合读者的心理。这故事从此便仿佛成了定型，后来元明人编撰杂剧和传奇，就不能脱此窠臼了。

这部书的文辞，前代人读过的，没有不极口称赞。像明朝胡应麟说："精工巧丽，备极才情。而字字本色，言言古意，……金人一代文献尽此矣。"确非虚语。现在随便引一段在下面：

生与莺难别，夫人劝曰："送君千里，终有一别。"
[仙吕调·恋香衾] 莘莘征尘动行陌，杯盘取次安排，三口儿连法聪外更无别客。鱼水似夫妻正美满，被功名等闲离折。然终须相见，奈时下难捱。 君瑞啼痕污了衫袖，莺莺粉泪盈腮。一个止不定长吁，一个顿不开眉黛。君瑞道：闺房里保重。莺莺道：路途上宁耐。两边的心绪，一样的愁怀。

[尾] 仆人催促怕晚了天色，柳堤儿上把瘦马儿连忙解。夫人好毒害，道：孩儿每（即们字）回取个坐车儿来。

生辞夫人及聪。皆曰"好行"。夫人登车。生与莺别。

文辞的"朴茂浑厚"，固然是本篇的伟大处，但"其布局的宏伟，写的豪放，差不多都可说是'已臻化境'。这是一部'盛水不漏'的完美的叙事歌曲。我们只要看他把不到二千余字的《会真记》，放大到那么宏伟的一部'诸宫调'（约计近五万字），便可想象到董氏著作力的富健，诚是古今来所少有的"（借用郑振铎先生文）。由此也可以看到董解元的高超的艺术手腕。

《刘知远诸宫调》，著作人是谁，已不可考了，全本也已不可得见。一九〇七——一九〇八年，俄国柯智洛夫探险队考察蒙古、青海，发掘张掖、黑水故城，获古物及西夏文书籍很多。这部残本诸宫调，正是这一回所得诸古书之一。本书原藏苏联的列宁格勒研究院，现已送还我国，有影印本。

就种种方面考察，这部书大约也是宋末金初的作品，和《西厢记诸宫调》或是同一时代的产物，不过比较的略为早些。全书分十二部分，可惜现在只残存五部分，计四十二页，约占全书三分之一。每部分的首尾都标有题目：

知远走慕家庄沙佗村入舍第一（共十二页，内第三第四两页缺）

知远别三娘太原投事第二（共十一页，内第二页缺）

知远充军三娘剪发生少主第三（仅存第一第二

两页，第四至第十页缺）

　　知远投三娘与洪义厮打第十一（共十页，首三
页缺）

君臣弟兄子母夫妇团圆第十二（共十二页无缺）

在这残存的四十二页中，存曲七十六段，而所用的曲调凡
六十一。

　　刘知远的故事，从宋朝以来，非常流行，现在所见的《五
代史平话》已经详写刘知远事，而几种《白兔记》传奇，则更
专叙刘知远和李三娘的悲欢离合的故事。

　　这部诸宫调的风格，极浑朴遒劲，有元杂剧的本色，却较
他们更为近于自然，近于口语。

　　《天宝遗事诸宫调》，元王伯成著。王伯成的生平已不详，
这部书也早已不存。幸明人所编的《雍熙乐府》里，选录本书
的套曲极多，此外明清人所编的各种曲谱，也收载遗文若干曲，
后来有许多人从这些书籍里做辑逸的工作，辑出六十余套，约
略的还可知道一个大概，但都没有出版。它所叙的是唐玄宗和
杨贵妃的故事，这是一个文人极喜用的题材，唐有白居易的长
诗《长恨歌》和陈鸿的传奇文《长恨歌传》，宋有乐史的传奇
文《太真外传》，元明清三代的戏剧作品更是极多。

　　因为王伯成是元人，那时杂剧已经起来了，因此这部诸宫
调在曲调和联套方面极受杂剧的影响，而非常相近。它所用的
宫调几乎与元曲全同，在现存的六十一段中，用宫调十。而它
的曲调，则有一百四十三之多，并且其名目和句法几乎与元曲
没有什么不同，但《董西厢》和《刘知远》所用的，其名目见
于后来元曲的却不到半数。因此我们知道，"诸宫调"的创作

时代愈晚，使用的曲调愈丰富。

再说联套，在前两种里，十分之九的曲子是有上下两片，甚或有三片四片的，这是承接词的流风。元曲只有一片，今《天宝遗事》内的曲子也无两片或两片以上的。联套的方式，在《董西厢》和《刘知远》里，最多用的是一曲一尾。《天宝遗事》里却以四曲或五曲构成一套的为最多用。尾声的格式也有不同，前两种里大概用三句七言或稍加变化而成，《天宝遗事》的尾声则有许多样式，不复一律了。这些，都可见出这部诸宫调产生的时代。

董解元《西厢记诸宫调》，有人民文学出版社本。

第九讲 《京本通俗小说》
——宋代短篇小说集

我在第五讲里讲过，唐朝的传奇文是中国小说史上的最初成就，但那是文言写的。如果说到白话小说的最初成就，就要算宋代的"话本"了。

依照我们的直觉推想，白话小说一定是文言小说的进化，就是由传奇文进化为话本。实际却不然。由传奇文进化的白话小说，如敦煌发现的《唐太宗入冥记》《孝子董永传》等，其文体幼稚得很，距离口语还相当遥远。真正白话小说的话本却并不是由传奇文进化而成的。

你相信吗？中国最初的白话小说，也是从印度传来的"变文"进化的呢！我在前面曾经不止一次讲过，变文对于中国文学的影响真大。"鼓子词"和"诸宫调"是它的衍变，现在要讲的"话本"，也是由它衍变出来的一种新文体。

也是在前面讲过的，大约在唐朝，没有一个庙宇里没有讲坛，让和尚们在讲坛上讲唱变文。渐渐地讲坛不一定在庙宇里，主讲的不一定是和尚，而所讲的也不一定是和佛教有关了。大约在北宋末年，民间的讲坛上出现了一种叫"说话"的，渐渐地这"说话"便风行天下，并且有许多人以"说话"为专门的职业了。操这职业的，名叫"说话人"。

据许多宋人著的书里所记载，知道宋代的"说话"原有四家，换句话说，就是"说话"分为四类。我愿意采取赵景深先生的意见，所谓四家，是：（一）小说；（二）说经和说参请；（三）讲史；（四）说诨话。至于此外还有所谓"合生"和"商谜"等，则似乎不在四家之内。现在，我再把这四家解释一下：

小说——亦称"银字儿"（"银字"是一种乐器名称），包括"烟粉"（指烟花粉黛，男女恋爱的故事，也就是后世才子佳人白话小说的最初形式），"灵怪"（指神仙鬼怪，荒诞不经的故事），"传奇"（这项意义不十分明白），"公案"（指江湖亡命，游侠救难的故事），"铁骑儿"（指征番破贼，从事战争的故事）等项目，大约前三者的内容是文的，后两者则是武的。

说经、说参请——前者为"演说佛书"，后者为"宾主参禅悟道等事"，作品已无存。我们看在宋人著作中所记的说经职业人物，大多是和尚尼姑之流，可以推想到所谓说经，大约就是讲唱变文之同类性质的东西。

讲史——这是最明白的一项。小说的故事是虚构的，而且立刻有结局的；讲史则是历叙史实，加一些描绘，有"讲说《通鉴》汉唐历代书史文传兴废战争之事"的，有"说'三分'、《五代史》"的，更有"敷衍《复华篇》及《中兴名将传》"的。

说诨话——这项旧著中没有解释，也无作品留存，从字义来推测，大约是专门说滑稽故事的，犹之现在上海流行的"滑稽剧"（或称独角戏）。

说话人讲说故事的底本，名叫"话本"。这些话本都出于无名文人之手，这些无名文人也许有一部分就是所谓"书会先生"。说话人根据了话本讲说。比较有才学而能文的，也许他们自己编写，自己说唱。总之，这是真正的"俗文学""民间文学"。我们凭借了这些存留着的话本，得以约略想象到那时"瓦舍"中说话的情况，是怎么一个样儿的。

"话本"一名"平话"，就现存的材料考察，大约记录小说的叫话本，都是短篇；记录讲史的叫平话，都是长篇。小说所讲的是遗闻轶事，需要的时间较短，每个故事只讲一次，首尾便已完全了，即使故事稍长的，大概连讲二三次，也必完结。讲史却不然，讲的是国家大事，历代兴亡，所需的时间甚多，非连说好几天，甚至几十天不能讲完。因此其底本也便较长了。

就说话的性质而论，小说的故事必较曲折，易于使听的人感动，所以说话者容易见长。然而又非有真实的才能不可，"盖小说者能讲一朝一代故事，顷刻捏合"。捏合就是编造，说小说的能够把故事顷刻间编成，有头有尾，随口讲说，并且他又必须有"谈论古今，如水之流"的口辩，才能应付。所以当时有"最畏小说人"之语。

讲史则故事是固定的，易于铺张，讲的人虽则容易对付，但听的人却容易久而生厌。在当时，必定不如小说之盛，所以流传到现在的宋元人作品，以话本为多，而平话为少。

的确是宋人作品的话本，流传到现在的并不多，在下列三书里保存了一二十篇：

（一）《京本通俗小说》——有缪荃孙《烟画东堂小品》木刻本，商务印书馆铅印本，五十年代又有古典文学出版社本、中华书局本。

（二）《清平山堂话本》
（三）《雨窗欹枕集》
这两书都有马廉的影印本，前者还有古典文学出版社本。

此外，在明末的话本集《三言》里，也可以寻出几篇来。

　　所谓《三言》，是指冯梦龙先后编选的《喻世明言》（一名《古今小说》）、《警世通言》及《醒世恒言》（此三书都有人民文学出版社版新注本）三书。这三部书，每种四十篇，合计得一百二十篇，都是宋、元、明三代的话本，包罗这许多名著，是研究或欣赏中国短篇小说的重要资料。

　　《三言》里的作品，大部分是旧著原本，但有经冯氏润饰过的改订本，也有他自著的作品。后来凌濛初的《初二刻拍案惊奇》，则全是他的创作了，间或也有少数的旧文保存着，但并不多。这两集《拍案惊奇》，每集也各四十篇，通常称为《二拍》。《三言》《二拍》是并举的。

　　现在通行的一部话本集叫《今古奇观》的，是《三言》《二拍》的精选。这部书选刻于明末，收话本四十篇，几乎都是明人的作品。初学者要欣赏中国的白话短篇小说，我以为只要看《京本通俗小说》和《今古奇观》这两部就够了。

　　现在，我们进一步研究这些话本的体制，我们用比较原始的作品——宋人的作品，来做材料。

　　在《京本通俗小说》的七篇中，只有一篇《菩萨蛮》是一开首就是正文的，其余的六篇则在正文之前，都是先引一些诗词韵文，或者别的"闲话"以作引子的，这名叫"得胜头回"。《错斩崔宁》一篇开首说：

　　　　这回书单说一个官人，只因酒后一时戏笑之言，遂至杀身破家，陷了几条性命。且先引下一个故事来权做个"得胜头回"。

本来说书人在开讲之前，听众未到齐时，必须打鼓开场，"得胜令"当是常用的鼓调，"得胜令"又名"得胜回头"，转为"得胜头回"。后来说书人开讲时，往往因听众未到齐，须慢慢地说到正文，故或用诗词，或用故事，也权做过"得胜头回"。

"得胜头回"也叫做"笑耍头回"，最普通的叫它做"入话"。在清平山堂所刻诸话本的前面，几乎每篇都刊有"入话"两字。"入话"略有定法，据鲁迅的研究，可以归纳成下列四种：

（一）以略相关涉的诗词引起本文 如《碾玉观音》用十一首"春词"引起延安郡王的游春。《西山一窟鬼》用士人沈文述的词逐句解释，引起遇鬼的士人等都是。

（二）以相类之事引起本文 如《拗相公》以王莽引起王安石是。

（三）以较逊之事引起本文 如《错斩崔宁》以魏鹏举因与夫人戏言而落职，引起刘贵酒后戏言，断送好几条性命是。

（四）以相反之事引起本文 如《志诚张主管》以王处厚照镜见白发的词有知足之意，引起不伏老的张士廉以晚年娶妻破家是。

这四种定法，也就牢笼了后来的许多拟作了。

"入话"是在话本之前的，在话本的正文里，更附插着不少的诗词，或插入描绘形貌景色的骈俪文。话本又有"诗话""词话"之称，就是这缘故。有诗有话叫做诗话，有词有话叫做词话。在《清平山堂话本》里，有一篇《快嘴李翠莲记》，凡是翠莲快嘴说的话全是韵文，这些韵文几乎是这篇话本的主体。还有一篇《刎颈鸳鸯会》，我在上一讲里讲过，是一篇"鼓子词"。由此，我们可以知道，话本里也有歌唱的部分，这些诗、词、骈文、韵文，便都是歌唱的；而话本和鼓子词是同一来源，同从变文里衍化出来的，这更是很明白的事了。

这里，我把诗、词、骈文、韵文，各引一个例子在下面：

1. 当时清明节候。怎见得？

清明何处不生烟？郊外微风挂纸钱。人歌人哭芳草地，乍晴乍雨杏花天。海棠枝上绵蛮语，杨柳堤边醉客眠。红粉佳人争画板，彩丝摇曳学飞仙。

——《志诚张主管》

2. 待诏说出女孩儿一件本事来，有词寄《眼儿媚》为证：

深闺小院日初长，娇女绮罗裳；不做东君造化，金针刺绣群芳样。   斜枝嫩叶包开蕊，唯只欠馨香。曾向园林深处，引教蝶乱蜂狂。   ——《碾玉观音》

3. 恁地道他不是人，看那李乐娘时：

水剪双眸，花生丹脸。云鬟轻梳蝉翼，蛾眉淡拂春山。朱唇缀一颗天桃，皓齿排两行碎玉。意态自然，迥出伦辈。有如织女下瑶台，浑如嫦娥离月殿。

——《西山一窟鬼》

4. 翠莲便道：

爹先睡，娘先睡，爹娘不比我班辈。哥哥嫂嫂相傍我，前后收拾自理会。后生家熬夜有精神，老

人家熬了打盹睡。　　　　　　　——《快嘴李翠莲记》

这种"插词"，在当时本来是有作用的，但到了后来，拟作的话本不复是讲唱的实际底本时，这些"插词"虽仍被保留着，但其作为唱词的作用意义已全失了。

再说，在每篇话本的开首，也即在每则入话的开首，往往最先是一首诗或一首词，而在每篇话本的结末，也往往是一首诗，甚或是两句诗的。在诗前，则是一句"有诗为证""有诗赞云""后人评论得好"之类，也有用最简单的"正是"两字的。鲁迅说："引诗为证，在中国本是起源很古的，汉韩婴的《诗外传》、刘向《列女传》，皆早经引诗以证杂说及故事，但未必与宋小说直接相关；只是'借古语以为重'的精神，则实有一致的处所。"这话是的确的，固不只是为了可唱的一个关系而已。

话本既然是说话人讲唱的底本，所以内中都充满着讲谈的口气，处处针对着听众发言的。例如：

说话的因甚说这"春归词"？　　——《碾玉观音》
自家今日也说一个士人，因来行在临安府取选。
　　　　　　　　　　　　　——《西山一窟鬼》
看官听说：这段公事，果然是……怎的又？……
　　　　　　　　　　　　　——《错斩崔宁》

在每一篇的开始处，最多用的是"话说"两字，在文中每一段落的开始处，则常用"却说""且说""话休絮烦""闲话休题"等，也都是说话人讲说的口吻。

宋人"讲史"的著作，流传到现在的，只有《新编五代史平话》一种，但或许是元人的作品，也大有可能，总之是目前所能见到的最早的一种，则是可断言的。本书有董康的木刻本，古典文学出版社和中华书局的排印本。全书共十卷，梁唐晋汉周五代，每代各上下两卷，惟梁史和汉史的下卷已缺。每卷也都以诗起，次入正文，结末以诗终，中间也有"引诗为证"和骈文"插词"。全书叙述繁简很不同，大概历史上的大事即无发挥，一涉细关节目，便多描绘了。骈文和诗就是插在这等地方的。又杂有滑稽语，以博听众的一笑。在梁史的开始，先说上古开辟的故事，次略叙历代兴亡之事，立论极奇，又杂以荒谬的因果报应之说。文辞还算相当生动，其白话文的程度，也很接近现在的口语，少文言的气息。

还有一部《大宋宣和遗事》，似乎也是"讲史"一类的书，不过全书不纯粹是白话文，又多抄别的书，体例极不一致。此书旧以为宋人著作，近人因内中杂有元人语，怀疑它是元人的作品，或者是宋人旧本，而元人有增补，都不可知。这部书值得我们注意的是内中叙述梁山聚义的一段，为后来《水浒》故事的最早一个本子。

至于元人所著"讲史"的作品，流传到现在的有下列五种：

（一）《全相武王伐纣平话》（副题《吕望兴周》）

（二）《全相乐毅图齐七国春秋后集平话》

（三）《全相秦并六国平话》（副题《秦始皇传》）

（四）《全相续前汉书平话》（副题《吕后斩韩信》）

（五）《全相三国志平话》

这五种都有影印本和排印本。《三国志平话》是后来《三国演义》的祖本。

所谓"说话"四家中，现在有作品留存的，只有"小说"和"讲史"两家，余都亡佚了。但是有一种《大唐三藏取经诗话》则名为诗话，应属话本，有人疑为"说经"类的作品，也不为无见。此书大约亦为宋元间所作。全书三卷，分为十七章，每章有一题目，其形式和《刘知远诸宫调》相类，如：

行程遇猴行者处第二　入大梵天王宫第三

等。现在所见的小说之分章回的，要以本书为最早。本书的文学价值虽不高，但为后世有名的《西游记》的最初形式，则是在文学史上值得注意的。

话本选有胡士莹《古代白话短篇小说选》，中国青年出版社本。《话本选》，人民文学出版社本。《大宋宣和遗事》《京本通俗小说》，有古典文学出版社本。《清平山堂话本》《大唐三藏取经诗话》，有文学古籍刊行社影印本。胡士莹《话本小说概论》，有中华书局本。

第十讲 《元曲三百首》
——一部散曲选

唐诗、宋词、元曲,这是中国文学史上著名的时代文学,我们读过了《唐诗三百首》和《宋词三百首》,现在应该接着读《元曲三百首》。

一般人提起了"曲",便要联想到作为中国戏剧的"戏曲"或"剧曲"。是的,"戏曲"固然是"曲",但并非"曲"的全部,除了"戏曲"外,还有作为中国诗歌的一形式之"散曲"。

这一讲的主题便是"散曲"。

散曲是继词而起的一种可唱的新诗体。在最初,一首可歌的诗,必定包括文字与音乐两部分,文字部分是"词",音乐部分是"曲";"词"和"曲"是不能相离的。到了宋代,把"词"作为一种新诗体的名称,于是"词"另有一种意义了。到了元代,"曲"又成为另一种新诗体的名称,于是"曲"也不是从前的旧意义了。又因为"曲"是金元戏剧中可唱的部分,于是再把自抒胸臆纯粹是"诗"形的作品称为"散曲",而放在戏剧中的则别称为"剧曲"。

所谓戏剧,一定包含动作、歌唱、说白三个部门,"剧曲"就是其中歌唱的一部门。"散曲"虽则也可歌唱,但是没有动作和说白,仅不过是清唱而已,所以散曲又名"清曲"。

再从外缘上说，曲可分为"南曲"和"北曲"两类。当然，这分法自也适用于散曲。北曲流行于金、元两代和明初。南曲则其起源似乎比北曲为更早，但其流行却晚得多了，一直到元末明初，方才见到南曲作家的出现。

"曲"，无论是南曲或北曲，其最初的萌芽，主要是从"俗谣俚曲"的基础上发展起来的。宋代合乐的词，到金人南侵，占领了中国的北部和中原的时候，逐渐被俗谣俚曲所代替，便成为北曲。而一方面，它又随了南渡的文人、艺人，流传到南方来，跟南方的"里巷之曲"相结合，便成为南曲。这正和词的起源相类似（参阅本书第七讲）。

到了南宋末年，词的意境逐渐僵化，文辞逐渐雅化；新兴的曲，因为尽量使用方言口语，于是日趋贵族化的词，被逐渐淘汰，又加以金、元人所用的胡乐，"嘈杂凄紧，缓急之间，词不能按"（王世贞语），而词的歌唱方法又逐渐失传，因此更没有立脚的余地。在这样的情况之下，曲便自然地脱颖而出，以代替词的地位了。

散曲，从它本身的结构上，可以分成两种不同的定式，就是"小令"和"套数"。

我们知道词中的令词，也名"小令"，是指篇幅最短的而言。现在散曲中的小令，其意义却不是这样，是专指单阕的曲，对于成套的而言。凡一个曲调成文的，都叫做小令，是曲中最简单的形式。它相当于诗的一首或词的一阕。举一个例如下：

枯藤老树昏鸦，小桥流水平沙（一作"人家"），
古道西风瘦马。夕阳西下，断肠人在天涯。

——马致远《越调天净沙·秋思》

这不是很像一首词吗？《天净沙》是曲调的名称，叫做"曲牌"，跟"词牌"一样。"越调"是宫调名，仿佛现代音乐中有 C 调、F 调一样。《秋思》才是这支小令的题目。不过一首诗或一阕词，中间可以换韵，曲则大都一韵到底，不可换韵。词，字数少的只有一段，字数较多的大都是上下两叠，更多的也有三叠四叠的。曲则一律是单调。

又诗的句法是一律的，词的句法，虽长短不同，但是就了谱去填写，却也是固定的，不可任意增减。曲则句法既长短不同，除了依照谱格填写外，又可加衬字，衬字不论四声，不论虚实，惟加在什么地方，当然也有规定，不可任意妄加；在无定之中，仍属有定。这里再举两首有衬字的《天净沙》为例：

　　昨朝杨柳依依，今朝雨雪霏霏；社燕秋鸿（忒）
疾苦。（不是）浊醪有味，（怎）消磨（这）日月东西。
　　　　　　　　　　——张养浩《闲居三首》之一

　　笠儿深掩（过）双肩，头巾牢抹（到）眉边，（款
款的）把笠檐儿试掀，（连）荒道一句，君子（人）
不见头面。　　　　　　　　——王和卿《咏秃》

上面两首中括弧内的字都是衬字。

诗和词的四声，只分平仄，仄中不再分上去；曲则有时平仄亦可通用，有时连上去都不可更易。严的地方很严，宽的地方很宽，现在我们不必再去研究怎样作曲，所以这里也不必细讲。

小令在元朝时候一名"叶儿"。普通分做五类：

一是通常的小令，就是我上面所讲的。

　　二是"摘调"。这本来不是小令,是套曲中的一二调精粹者。从全套曲中摘出,作为小令。我在第八讲里讲过,宋人常把大曲的一二十遍中,摘取其音调悦耳,可以单独歌唱的成为一首慢词,名曰"摘遍"。这正和小令曲中的摘调相类。

　　三为"带过曲"。作者填了一支小令,觉得意犹未尽,于是续填一它调,而这两调之间,音律又适能衔接。倘两调还嫌不足,可以填三调。但到三调为止,不能再增加了。如果再要加,那么改作一套"套曲"得了。"带过"两字,在题目中,或者连用,或者只用其中任何一字,或用"兼"字,或称"兼带"。有北曲带过北曲的,有南曲带过南曲的,也有南北兼带的。如《醉高歌带殿前欢》《锦上花带清江引碧玉箫》(北)、《朝元歌带朝元令》(南)、《南楚江情带北金字经》等是。也有另用一个别名的,如《鸿门奏凯歌》就是《雁儿落带得胜令》。例如:

楚天遥带过清江引　　　　薛昂夫

　　有意送春归,无计留春住;明年又著来,何似休归去! 桃花也解愁,点点飘红雨。目断楚天遥,不见春归路。　　　春若有情春更苦,暗里韶光度。夕阳山外山,春水渡旁渡。不知那搭儿是春住处?

　　四为"集曲"。带过曲以北曲为多,南曲是偶尔仿用的。集曲则专属于南曲了。带过曲是二支或三支整个之调相连续,并成为一调,其形式有似词的两叠。集曲则采取各调的零碎句法相连续,而另为定一个新名:如《九疑山》《巫山十二峰》等,视其名似仍为一单调,而实在则有九调、十二调的句法参杂其中;最长的为《三十腔》,是从三十支不同的调中,撷取句法,连缀而成的。集曲的第一个创用者，大家都认为是明朝的梁辰鱼。这类集曲，略似诗词中的集句，有人认为没有立足余地，是不可为训的。

最末一类是"重头"。词中上下两叠完全相同的，名叫"重头"（见本书第七讲），曲中的重头也是这意义，是把同一调小令，一再填写，用韵每支各不相同（套曲是一韵到底的），只是用同一题目或相类似的题目而已（所谓相类似者，如总题为《四时行乐》，而各首分题则为"春夏秋冬"，一首咏一事）。重头重复的次数多寡，全无一定，至少两首，多亦不限制，最多有一百首的（明朝李开先和王九思各有一百首《傍妆台》）。重头和带过曲的不同处，最重要的为：

（一）重头多寡无定，带过曲至多三调。

（二）重头是同调若干首相重复，带过曲则系异调各一首相带过。

（三）重头之多阕重复，每阕仍各算一首；带过曲数调带过，就当认为一阕。

小令除这五种之外，还有两个特殊的体例。上面这五种都是不演故事的，下面两个特殊的体例则是演故事的：

（一）元人有题为《摘翠百咏小春秋》者。用《小桃红》小令一百首，依次叙全部《西厢记》的故事。这当然不是剧曲，又不是散套；虽说是重头，但和寻常的重头究竟不同。而除了这篇以外，又别无其他的作品足为参证，所以只好算是一个例外。原文每首都各有一个四字的标题，通体以词记言，以题记事，于是全文遂有脉络贯穿，其布局是极新奇的。和鼓子词的

《商调蝶恋花》（参阅本书第八讲）又自不同。节录一首如下：

六十三　　　红答夫人

既然奶奶问根苗，只索从头道：当日寺中解危闹，那功劳，至今一向何曾报；俺姐姐意好，怕哥哥心恼，因此效凤鸾交。

（二）元人王日华和朱凯有合作的十六首小令，隰括双渐苏卿故事中一段情节。全部既不是一韵到底，组织又极自由，所以不能叫做套曲。所用曲调，计有《庆东原》《天香引》《凤引雏》《凌波仙》四调，而排列既甚错综，占数亦不均匀，所以也不能算是重头。十六首中除一起一结外，余则七问七答，因此任中敏先生名之曰"异调间列"，又称为"问答体"。这又是一个例外。

套曲的组织法是导源于宋大曲、赚词及诸宫调，连缀几调成为一个"歌曲"。每一组有首有尾，因为以套计数，称之曰一套两套，所以就名为"套数"。剧曲中的各套是有联络关系的，散曲的各套则独立而不连贯，所以又叫"散套"。另外还有一个别名叫"大令"，则是专对"小令"而言，不过这名称并不普遍，仅明朝冯惟敏的书中有此而已。

套曲是怎样做成的？这方式，普通是根据下列三个共通的条件：

（一）用二首同宫调的曲牌相联（这里北套有一个"借宫"的例外，是把宫调不同而管色相同的移借过来），南套全部分为"引子""过曲""尾声"三部分（但在散曲，常可以不用引子，入手便填过曲），所以至少须有三个不同的曲调。北套于尾声外，无可分画，所以只有一个正曲便可。最长之套，有达三十四调之多者。每套中所用曲牌，某调宜先，某调宜后，都有一定的法则，不可颠倒错乱（南曲的过曲部分可以自由一些）。

（二）末必有"尾声"，以示全套已完了（但亦有例外，凡北套遇有下列三种情形时，则不用尾声：甲，所用曲调为特制之曲者；乙，用带过曲作结者；丙，所用之末调可以代替尾声者。南套则用重头常无尾声）。北套的尾声，其繁简长短不一，每与它调混合为一体，亦称"煞尾""收尾""结音""庆余"等。南套尾声极简单，句法平仄，虽随宫调而异，但大抵十二板（所谓板，就是现在音乐中的"拍"），则是固定的。又有"余音""余文""意不尽""情不断""十二拍尾"等别名。

（三）全套从首到尾必须一韵，不可换韵，此层最重要（但得注意，曲韵和诗韵、词韵都不同，分部少而每部的字数多）。

寻常的散套，除南套北套外，复有"南北合套"一种。合套者因为南北声音各有所偏，于是想一调和的方法，把二者融合成套。普通都是一南一北，相间组合。现在把这三种联套方式各举一例于下：

（一）北套——〔黄钟宫〕醉花阴　喜迁莺　刮地风　四门子　古水仙子　尾声

（二）南套——〔黄钟宫〕画眉序　黄莺儿　四时花　皂罗袍带解三酲　浣溪沙　乔合笙　啄木儿　玉交枝　玉胞肚　玉山颓　川拨棹尾声

（三）南北合套——〔黄钟宫〕北醉花阴　南画眉序　北喜迁莺　南画眉序　北出队子　南神仗儿　北四门子　南神仗儿　北刮地风　南闹樊楼　北古水仙子　尾声

所谓"宫调"，我在前面已经说过，就是现代音乐中的 C 调 F 调，那么应用在曲的，究竟有多少调？现在我告诉你：南北曲的宫调，通行的据说是六宫十二调。然最常用的，北曲仅仙吕宫、南吕宫、黄钟宫、中吕宫、正宫、大石调、商调、越调、双调九种；南曲更多道宫、羽调、小石调、般涉调及仙吕入双调（即仙吕宫，往往与北双调联作南北合套，故有此名）等十四种。

至于"牌调"，则北曲计四百四十七（见《北词广正谱》），南曲计一千三百四十二（见《南词定律》），合计约一千七百八十九调。北曲的牌调，三分之一渊源于古曲和宋词，其余三分之二都是创造出来的。南曲则三分之一源于宋词，三分之一源于北曲，三分之一出于集曲。曲调和词调间的变迁，有名同调同，有名同调异，有名异调同等。任中敏先生曾细为分析，约有九种，这里不细谈了。读者要知道，可参阅他所著的《词曲通义》。

关于散曲的形式方面，对于一个初学者，我想这样已经尽够，也许过于啰唆了。

现在进一步讲曲的内容方面。

曲和词，在形式上极相类似，因此论者每都把词曲合并研究，作一个比较。据任中敏先生的意见："词静而曲动；词敛而曲放；词纵而曲横；词深而曲广；词内旋而曲外旋；词阴柔而曲阳刚；词以婉约为主，别体则为豪放；曲以豪放为主，别体则为婉约；词尚意内言外；曲竟为言外而意亦外。"这一段话，他说得非常玄妙，读者不易懂得。他继续解释道："词合用文言，曲合用白话。曲以说得急切透辟，极情尽致为尚；不但不宽弛，不含蓄，且多冲口而出，若不能待者；用意则全然暴露于词面：此其态度为迫切，为坦率，恰与词处相反地位。"这就明白了。他根据了这意见，更详细分析两者的不同，约之为下列四端：

（一）词仅宜于抒情写景，而不宜于记事，曲则记叙、抒写都可。因为传统的见解，主张词应有言外之意，如果一经叙事，就觉得意义仅止于事实，没有含蓄了。这不是他们所取的，因此非但不宜于记事，连议论也不能多发，苏辛一派的词，原有许多人不以为然的。曲则恰和词相反，即使是并非剧曲的小令，也有演故事的（参阅前文）。

（二）词仅宜于悲，而不宜于喜，曲则悲喜都可。这仍旧是词须有言外之意的缘故，大凡悲苦的情绪，宜于含蓄，欢乐之情，则须淋漓尽致，每每言外即无别的意思。词既不宜说得宣畅无余，当然不宜于表达欢乐之情了。曲则不然，欣赏曲的，无须咀嚼寻绎。你表悲苦，固然可以使读者蹙额颦眉；你说欢乐，也可使读者手舞足蹈。还有一点，是元朝人的人生观，比较的近于乐天派，虽在极颓唐、极危苦之境，亦必以极放旷、极兴会的语句出之。举一个例如下：

寄生草　　　　　　　　白朴

长醉后方何碍,不醒时有甚思！糟醃两个"功名"字，醅淹千古兴亡事，曲埋万丈虹霓志。不达时皆笑屈原非，但知音尽说陶潜是。

（三）词仅可以雅而不可以俗，曲则雅俗都可。我们知道词的起源，虽则也是从民间来的，但通过了文人的制作，文字遂日趋雅化了。曲则北曲是北方少数民族混合了胡夷之曲跟民歌等结合起来而成，少数民族文化水准较低，所以文辞粗俗。南曲是南渡的文人融合了南方里巷之曲而成，虽则也粗俗，但比起北曲来，则似乎就雅驯一些了。加以曲是纯任自然，所以不问局面，雅俗并包。词则一经定型，一切以雅为归，换句话说，就是以雅为局面。你随便翻开一本词集和一本曲集来，只要一看题目，你便会觉得两者之间的不同来。曲集中多的是《春景》《夏景》《闺情》《送别》等题目，甚而如《王大姐浴房中吃打》《长毛小狗》《右手三指》《大桌上睡觉》《穿破靴》等，也堂而皇之算是题目哩。词集中便决不会有这等题目。

（四）词仅宜于庄，不宜于谐；曲则庄谐杂出，态度比较活泼得多。曲既然是悲喜都宜的，而且又是雅俗俱工的，自然更会得庄谐杂出了。加以元代曲家，大都是终身郁郁不得志的，于是而变成愤世和玩世，填写曲子，也是给他们一个出气的机会，嬉笑怒骂，嘲讥戏谑，遂无所不有了。我在上期引过一首王和卿的《咏秃》，便是一个好例。

总之，曲之初创，本是一种游戏文字，填实民间已传的音调，在茶余酒后，作为笑乐的资料，所以曲不像词的端谨严密，比较自然得多。又唯其是游戏文字，因之散曲的"俳体"特别多。所谓俳体者，凡一切就形式上、材料上翻新出奇，逞才弄巧的作品，以及意境上调笑讥嘲，游戏娱乐的作品都是，细细分析起来，可有二十五种之多。其实这种游戏的作品，就文艺的观点说，是不足为训的。这里随便举一体为例：

清江引（立春限句内分嵌五行及春字） 贯云石

　　金钗影摇春燕斜，木杪生春叶，水塘春始波，火候春初热，土牛儿载将春到也。

曲是怎样性质的一种文体既已明白了，现在再进一步讲几位著名的作家。

元代的散曲作家，为数也不少，如果要分起派别来，则不外乎豪放和清丽两派。就上面所讲，我们知道曲以豪放为正宗，而清丽为别体，所以元人散曲中，豪放的比较多，清丽的就少了。这里各引同调的一首为例，如下：

折桂令　　　　　　　　　　卢挚

想人生七十犹稀。百岁光阴，先短了三十。七十年间，十载顽童，十载尪羸。五十岁除分昼黑，刚分得一半儿白日。风雨相催，兔走乌飞，仔细沉吟，都不如快活了便宜。

又　　　　　　　　　　　张可久

对青山强整乌纱。归雁横秋，倦客思家。翠袖殷勤，金杯错落，玉手琵琶。人老去西风白发，蝶愁来明日黄花。回首天涯，一抹斜阳，数点寒鸦。

我们读了这两首曲，何者为豪放，何者为清丽。不是很清楚的吗！前面一首全用白话，意义固然旷达，辞语也极亢爽，当然属于豪放的一派。后面一首可就不同了，第一句中"青山"和"乌纱"相对，第二和第三两句，四五六三句，七八两句，十十一两句都成对仗，而意趣潇洒，并不因为用了辞藻而觉得过分繁缛，这当然是属于清丽一派了。

元曲为什么多豪放？这原因当然不是一言可说。出于歌唱曲时音乐的关系，固然是其一因；而受着宋代苏辛词派的影响，也未始没有关系。因为金元都起自北方，而苏辛词派正流行于大江以北；后来虽则词变为曲，但它们递衍的时候，却是有途辙可循的。加以北曲通协平仄韵，声情慷慨，容易奔放，不若诗词之平仄分韵，容易婉转。

但严格说起来，所谓豪放，所谓清丽，自应以曲为单位，不应该以人为单位。一个人的曲，兼有两种派别，是极平常的事。有人以为苏辛词集中，未尝没有婉约之作，而周秦词集中亦未尝没有豪放的词，遂谓豪放和婉约两派之分，根本不能成立。实则我们论断各家的派别，当从大体而言，就其著作的大多数如何为根据；不能因为几首少数例外而把全部抹杀。

现在我们把几个重要的元代散曲作家，仍分两派来叙述一下：

第一先讲豪放派作家。说起元曲的豪放派，自当以马致远为代表。他号东篱，大都（即今北京）人，但终老于江南。他的散曲传于今者极多，任中敏先生辑有《东篱乐府》一卷（在《散曲丛刊》中）。前面所引他的《天净沙》小令，是他的名作，王国维氏评称，"寥寥数语，深得唐人绝句妙境；有元一代词家，皆不能办此也"。吴梅氏也说："纯是天籁，仿佛唐人绝句。"和这首小令同样著名的，还有一套套曲，题目也是《秋思》，历来评者对此曲，或谓"万中无一"，或谓"元人第一"，其享盛名由来已久了。现在录之如下：

〔双调•夜行船〕百岁光阴如梦蝶，重回首往事堪嗟。昨日春来，今朝花谢，急罚盏夜阑灯灭。

〔乔木查〕秦宫汉阙，做衰草牛羊野。不凭渔樵无话说。纵荒坟，横断碑，不游龙蛇（龙蛇指碑上字迹）。

〔庆宣和〕投至（犹言"待到"）狐踪与兔穴，多少豪杰！鼎足三分半腰折，魏耶？晋耶？

〔落梅风〕天教你富，莫太奢，无多时好天良夜。看钱奴硬将心似铁，空辜负锦堂风月。

〔风入松〕眼前红日又西斜，疾似下坡车。晚来清镜添白雪，上床与鞋履相别。莫笑鸠巢计拙，葫芦提（葫芦提胡涂也）一就装呆。

〔拨不断〕利名竭，是非绝。红尘不向门前惹，绿树偏宜屋角遮，青山正补墙头缺，竹篱茅舍。

〔离亭宴带歇拍煞〕蛩吟（蛩就是蟋蟀，蛩吟就是蟋蟀叫）罢一枕才宁帖，鸡鸣时万事无休歇。算名利何年是彻？密匝匝蚁排兵，乱纷纷蜂酿蜜，闹穰穰蝇争血。裴公绿野堂（唐裴度有别墅名绿野堂），陶令白莲社（晋陶潜与白莲社诸佛教徒时相来往）。爱秋来那些：和露摘黄花，带霜烹紫蟹，煮酒烧红叶。人生有限杯，几个登高节。嘱付与顽童记者：便北海探吾来，道"东篱醉了也"（北海指汉孔融，孔融好客。此言即有好客如孔北海者来探他，他也装醉高卧，不去会他）。

第一首先述全套主旨，末句谓行乐当及时，"快些喝杯酒，夜已很深，灯快要灭了"。第二首说帝王，第三首说辅佐帝王的豪杰：这两首都是说贵。底下的一首说富。上面几首都是叹世人，从第五首起说到自己，先说自己的处世态度，然后说自己的行和止。末首的前半又重叹世人，后半又重说自己作结。全套意境超逸，文字宏丽而不离本色，此其所以为豪放。

论思想，这种由牢骚而厌世，由厌世而故作超脱语，是要不得的；但这深足以打动人们的情怀，因此极为历来文人们所称赏。同时，曲渐渐地远离民众了，因为民众是不爱听那一套话的。

豪放一派的作者，除了马致远外，如白朴、贯云石、刘致、冯子振、汪元亨、马九皋等都是，这里不一一分论了。

其次讲清丽一派，我们举乔吉、张可久为代表。乔张自来是并称的，好比诗中之有李杜，但也略有区别。所谓丽者，其材料或雅或俗，都无不可。乔多用俗，张多用雅。以俗为丽的，诗词中不常见，实为曲中本色，批评家因其不常见，所以称做"奇丽"。以雅为丽的，诗词中向来多有，人人喜欢，人人能欣赏，我们叫它"雅丽"得了。合此二者，正可以表见清丽派的全义。

乔吉字梦符，太原人，但久居杭州。有《梦符散曲》三卷（见《散曲丛刊》）。明人李开先序他的散曲说："蕴藉包含，风流调笑，种种出奇而不失之怪，多多益善而不失之略，句句用俗而不失其为文。"这是极确当的评语。做散曲，不难于雅丽，也不难于豪放，惟独难于这类奇丽，所以后来的仿效者，无论如何，他们的作品只能及张而不能及乔。录《水仙子》小令两首：

　　眼前花怎得接连枝？眉上锁新教配钥匙。描笔儿钩销了伤春事，闷葫芦咬断线儿。锦鸳鸯别对了个雌雄；野蜂儿难寻觅；蝎虎儿（即守宫）甘害死；蚕蛹儿别罢了相思。　　　　——《怨风情》

　　冷无香柳絮扑将来，冻成片梨花拂不开。大灰泥漫不了三千界。银棱了东大海，探梅的心禁难捱。面瓮儿里袁安舍，盐罐儿里党尉宅，粉缸儿里舞榭歌台。

——《咏雪》

这些曲都以奇俊为清丽，而运用俚辞俗语，极显其妙。第一首用虫物来作譬，都有新趣。第二首更其用了许多"诡喻"，灰泥、银、面、盐、粉，还不算奇，把它们同瓮、罐、缸这些辞结合起来，才算奇；更奇的把袁安舍说成在面瓮儿里，党尉宅说成在盐罐儿里，把舞榭歌台说成在粉缸儿里，真是得未曾有！袁安（汉人）在雪中挨冻，党太尉（宋人）爱的是羊羔美酒，他们都是不懂得雪的趣味的，舞榭歌台更无雪趣，作者把它们都容纳到雪中去，真是奇丽之极。但一般人看惯以雅为丽的，大都以为奇则有之，丽未必然，这是他们对于曲没有多读的缘故罢了。

张可久字小山，庆元人。他是元代唯一的散曲专家，散曲之外没有剧曲。他的《小山乐府》有六卷之多（也见《散曲丛刊》中），共七百余首，在元人散曲中，他的作品流传得最多了。他的作品，十之八九都是雅丽的，他能酌取诗境词境入曲，所以能潇洒清丽，最为明清人所喜爱。——这原是投合士大夫们的趣味的。然就曲论曲，究竟雅丽得太过了。他的小令，我前面已引过一首《折桂令》，现在再引一首《一半儿》如下：

花边娇月静妆楼，叶底沧波冷翠沟，池上好风闲御舟。可怜秋！一半儿芙蓉一半儿柳。

——《秋日宫柳》

我们把这两首和乔吉的两首小令相比，就可以见出彼此的显然不同处了。

清丽派除了乔张外，尚有姚燧、卢挚、徐再思、李致远等。

元人的散曲都是北曲，上一期中已经讲过了。明初也还是北曲为盛，但作家不多。稍后，比较著名的有康海、冯惟敏、王磐、沈仕等，前两人可以属之豪放派，后二人则为清丽派，其中以冯惟敏为尤著。到了后来，"昆腔"（魏良辅所创的戏曲唱腔名）既经流行以后，南曲盛行了，情势又一变。那时只有南曲，北曲便亡了，也可以说曲便亡了，因为南曲多参用词法，和元曲背道而驰，实在不能再算是曲。

这时期的代表人物是梁辰鱼和沈璟。梁辰鱼的曲派，文雅蕴藉，细腻妥贴，但流于甜俗委靡，不是散曲的本色。沈璟的曲派，则文字方面既受梁氏的影响，自己又专求律正韵严，于是生气剥夺尽了。比较的能别开生面，自成一家，文既不从梁，韵律又不从沈者，则有施绍莘（字子野，华亭人）。他能融元人豪放清丽于一炉，在当时是一位"集大成"的作家。比之梁、沈，是进一步了。他的曲集为《花影集》，凡四卷，内有套数八十六，小令七十二。套数之多，在明人集中为第一，而其佳妙，吴梅氏也推为明代一人。小令也属上乘，录一首如下：

南山坡羊（旅怀）

意惺惺怕分离的相送，虚飘飘要相逢的痴梦。急煎煎算不定的归期，泪斑斑看不得的衣衫缝。怯晓钟，更教人恼暮钟。灯花暗卜，却被灯花哄。欢喜谁同，凄凉谁共。朦朦，拾相思在云树中。匆匆，记相思在诗句中。

讲散曲，本来只消讲元人的就够了。但是元人无南曲，因为要带讲南曲，所以把明曲也约略地讲述一下。

最后，我们再回到开头所提到的《元曲三百首》。这部书是任中敏先生原编，而经卢冀野先生重为选订的，中华书局出版。所选曲家凡六十八，以张可久的选得最多，计四十二首；其次为马致远的三十二首，乔吉的三十首；其余的最多十三首，少只一首，无名氏的也有三十五首，合计三百一十首。可惜全是小令。套曲一套也没有。

卢冀野先生有《曲雅》《续曲雅》两书（均开明书店本），前书选元明清三代的小令，后书选套曲。前书末附卢著《论曲绝句》，是一种批评文学。

初学者如果要看略有注解并加新标点的选本，则卢冀野先生的《元明散曲选》（商务印书馆本）和钱南扬先生的《元明清曲选》（正中书局本）都可用。

至于专著，则以任中敏先生的《散曲概论》（中华书局的《散曲丛刊》本）为最佳。隋树森编的《全元散曲》，中华书局本，也可参考。

第十一讲 《西厢记》
——元人杂剧的代表作

我在上一讲里说，曲有散曲和剧曲两种。散曲既已讲过了，这次接着讲剧曲，剧曲就是中国的戏剧。

所谓戏剧，第一必须是"代言体"，换句话说，就是表演者扮饰了故事中的角色，用第一身称表演出来。以前讲过的"变文""鼓子词""诸宫调"和"评话"等，都是由表演者用第三身称来讲唱的，所以这些都不能算做戏剧。

第二，中国向来的戏剧都是歌剧，所以必须包含"曲""科""白"三个部门以搬演一个故事。所谓"曲"，就是歌唱的部分；"科"或称"介"，是动作的部分；"白"或称"宾白"和"道白"，就是说白。散曲大都并不搬演故事，又绝对没有"科"和"白"，所以也不能算做戏剧。

中国古代的戏剧，大别之可分为"戏文""杂剧""传奇"三类。"戏文"和"传奇"是另一系统的东西，我将在下一讲里讲到，这一讲专说"杂剧"。

杂剧究竟是什么？我在这里先作一个最简单的答语："金元时代发生于北方的戏剧，唱词纯粹以北曲组成的，名叫杂剧。"

杂剧怎样起来的？它的祖先是什么？这不是一言两语所

能说尽的。王国维的《宋元戏曲史》，对于这问题考证得极详细，可参阅，这里不再引录了。我只简单的说，杂剧的来源是多端的，宋代的"大曲"和"杂剧词"，加上了宋金的"诸宫调"和"唱赚"，再加上了宋代的"戏文""傀儡话本"和"影戏话本"，把这许多复杂不同的结构混合了，然后别创出一种新的体裁来，就是杂剧。

那么，第一个创作者是谁呢？可惜现在也已不能知道了，概括地说，大约是一位金末的大都人（元代大都即今北京）。

自杂剧诞生以后，到元之末，一共一百多年，产生的杂剧，至少在五百六十余种以上，不可说不多了。究竟为什么这样盛呢？我愿意采用郑振铎先生的意见，他以为第一，当然是因为沿了金代的基础而益加光大的缘故。第二，因为元代考试已停，科举不开，文人学士们才学无所展施，遂捉住了当代流行的杂剧而一试其身手。第三，少数民族的压迫过甚，汉人的地位，比色目人还不如。他们到处地、时刻地被人所欺迫，即有才智的，做了官吏，也是位卑爵低，绝少发展的机会。所以他们便放诞于娱乐之中，为求耳目上的安慰，作者用以消磨悲愤，听者用以忘去痛苦。——元剧的发达，不外这三个原因。

元人杂剧之存留于今者约计不到二百种（连明初人作品合并计算在内）。保留得最多的是见于《元曲选》中的一百种，这部《元曲选》，为明臧懋循所编选，所收虽多，但经他的修改也极多，元曲的本来面目几乎不可得见了。最古的为《元刊杂剧三十种》，这是一部几种元刊单行本的汇订本（现有日本重刊本的影印本），被保存了元剧的本来面目。此外有《孤本元明杂剧》《元明杂剧》等，都有好几种元人杂剧在内。但是我预备在这一讲里举为代表作品的《西厢记》却并不在上列几种丛书内。

我在本书第五讲里曾经讲过，唐代大诗人元稹有一篇传奇文《莺莺传》，一名《会真记》，叙崔莺莺和张生私期密约的欢会故事。这是此故事的最初型式。后来在第八讲，又继续讲到宋代赵令畤根据这篇传奇做成一种名叫《元微之崔莺莺商调蝶恋花词》的鼓子词，到了金代的董解元又扩大了做成一部《西厢记诸宫调》。现在要讲的《崔莺莺待月西厢记杂剧》（简称《西厢记》），那规模更大了（宋元间还有戏文《崔莺莺西厢记》，惜已亡失，仅存逸曲二十余支）。

这部《西厢记》的体例，在元剧中是相当特殊的。全剧凡五本（元剧中长到五本是少有的），分开来是各自独立的五本，合起来则为连结五本的一部大剧本（从前人很有把这个杂剧误以为传奇者，他们实在太不知道这两者间的区别了。我们在下一讲里就要讲到传奇，待讲过了后，诸位就可明白，这里不必细辨了）。

现在根据通行本，先把它的体例摘录如下：

第一本　张君瑞闹道场杂剧
　　楔　子　夫人唱　仙吕赏花时
　　　　　　正旦唱　么篇（即"前腔"，也即同调的第二篇）
　　　　第一折　正末唱　仙吕点绛唇套
　　　　第二折　正末唱　中吕粉蝶儿套
　　　　第三折　正末唱　越调斗鹌鹑套
　　　　第四折　正末唱　双调新水令套

　　题目　　老夫人闲春院　　崔莺莺烧夜香

　　正名　　小红娘传好事　　张君瑞闹道场

第二本　崔莺莺夜听琴杂剧

　　第一折　正旦唱　仙吕八声甘州套

　　楔　子　惠明唱　正宫端正好套

　　第二折　红娘唱　中吕粉蝶儿套

　　第三折　正旦唱　双调五供养套

　　第四折　正末唱　越调斗鹌鹑套

　　题目　　张君瑞破贼计　　莽和尚生杀心

　　正名　　小红娘昼请客　　崔莺莺夜听琴

第三本　张君瑞害相思杂剧

　　楔　子　红娘唱　仙吕赏花时

　　第一折　红娘唱　仙吕点绛唇套

　　第二折　红娘唱　中吕粉蝶儿套

　　第三折　红娘唱　双调新水令套

　　第四折　红娘唱　越调斗鹌鹑套

　　题目　　老夫人命医士　　崔莺莺寄情诗

　　正名　　小红娘问汤药　　张君瑞害相思

第四本　草桥店梦莺莺杂剧

　　楔　子　红娘唱　仙吕端正好

　　第一折　正末唱　仙吕点绛唇套

　　第二折　红娘唱　越调斗鹌鹑套

　　第三折　正旦唱　正宫端正好套

　　第四折　正末唱　双调新水令套

　　题目　　小红娘成好事　　老夫人问由情

　　正名　　短长亭斟别酒　　草桥店梦莺莺

第五本　张君瑞庆团圆杂剧

楔　子　正末唱　仙吕赏花时

第一折　正旦唱　商调集贤宾套

第二折　正末唱　中吕粉蝶儿套

第三折　红娘唱　越调斗鹌鹑套

第四折　正末唱　双调新水令套

题目　　小琴童传捷报　崔莺莺寄汗衫

正名　　郑伯常干舍命　张君瑞庆团圆

题目　　张君瑞巧作东床婿　法本师住持南禅地

总名　　老夫人开宴北堂春　崔莺莺待月西厢记

现在再把本剧的角色支配录下：

张君瑞——正末饰　　　崔莺莺——正旦饰

老夫人——外饰　　　　红　娘——旦俫饰

法本，郑恒——均净饰

欢郎，琴童——均俫饰

孙飞虎，惠明，杜将军，法聪，众僧，卒子——均无扮饰者名称。

　　自从清初的金圣叹把本剧作为《第六才子书》（金圣叹以《庄子》《离骚》《史记》《杜甫诗》《水浒传》（小说）、《西厢记》六部书为才子书）以后，几乎"风行天下"了。中国自来的文人，向来目小说戏剧为末技，不为学士大夫所重视，不登大雅之堂。但经金圣叹的提倡后，一般人便稍稍改变些态度了。

　　这书的版本极多，从最早的明刻本到现代、不下二三十种；最通行的是金圣叹评本，就是所谓《第六才子书》。王季思先生著有《集评校注西厢记》，他把书中难解的字句、典故跟元代的方言、俗语，一一详加注解，极便初学，读者可参阅。

《西厢记》的作者，历来研究者有许多辩论：有谓五本全是王实甫（名德信，大都人，出金入元）作的，也有以为五本全是关汉卿（号已斋叟，也是大都人，由金入元；金末解元，后为太医院尹）作的；有说五本中前四本是关作，末本王续；也有说前四本王作，末本关续——这种种说法，到现在，似乎以王作的一说最占优势，已成定论了。

这部《西厢记杂剧》，完全依据董解元的《西厢记诸宫调》改作，两者间不仅情节上完全一致，就是曲辞上也留着极明显的蹈袭痕迹。但无论如何，这一部总是元剧的第一等杰作，并不曾因此而有所减色。作者因了篇幅的庞大，于是有着充分发挥他们才情的机会；在作品中，处处显露出他们的天才来。它的曲辞，极为典丽，能使读者心醉。它的结构，波澜起伏，颇有变化。

《西厢记》的故事非常简单，只是叙写崔莺莺与张君瑞两人单纯的佳人才子式的恋爱，无非是一些私期密约和悲欢离合而已（故事梗概，想来诸位都已知道，不必再述），但那么曲折细腻，确是元剧中所未有，并且在后来的传奇中也是少有的。作者对于主角莺莺的心理与态度，写得尤为着力。当她和张生没有欢会以前，她是一个受封建势力约束极深的闺门小姐，当然沉默静淑，保持住处女的姿态。但一经欢会，而秘密又被老夫人揭破以后，于是礼教的束缚立刻解脱，少女热情狂恋的真实面目便完全显露出来了。——这就是这部《西厢记》能吸引那么多读者的缘故。

这剧的顶点，在于第三本和第四本，第四本第二折写张生跟莺莺的别离，极尽凄美悱恻之至。现在节录一段曲文于下（莺莺唱词）：

〔正宫端正好〕碧云天，黄花地，西风紧，北雁南飞。晓来谁染霜林醉，总是离人泪！

〔滚绣球〕恨相见的迟，怨别去的疾。柳丝长玉骢难系，恨不得倩疏林挂住斜辉。马儿迟迟行，车儿快快随。恰告了相思回避，破题儿又早别离。听得道一声去也，松了金钏；遥望见十里长亭，减了玉肌。此恨谁知！

〔叨叨令〕见安排着车儿马儿，不由人熬熬煎煎气。有甚心情，花儿靥儿，打扮的娇娇滴滴娟。准备着被儿枕儿，则索昏昏沉沉睡。从今后衫儿袖儿，都揾做重重叠叠泪。则被他闲杀人也么哥，闪杀人也么哥！久已后，书儿信儿索兴他恓恓惶惶寄。

（下略）

这是绝妙的抒情诗！非有绝大的天才，不能办此。无怪有一则类乎神话似的传说留传下来，说作者写本剧是尽他毕生的精力的，写到"碧云天，……"这几句时，思尽，便倒地死了。因了极端的赞颂而产生这样可笑的传说，在文学史上是常有的事，但因此也可推知《西厢记》是怎样的被人所赞颂啊！

王实甫的剧本除《西厢记》外，今存者尚有二种，然均不及《西厢记》之隽美。

元剧的作家，除了王实甫外，昔人都推"关、马、郑、白"四家。

关即关汉卿，初期的中心作家。他所作剧本，据现在所知，有六十余种之多，在数量的丰富上，实是元代第一。现存的也有十八种，尤其著名的是《窦娥冤》《拜月亭》《单刀会》等剧。他是一位多方面的作家，作品的题材，几乎各科（相传杂剧有十二科）都有。他的剧本，结构自然而巧妙，显出他卓绝的才能。文辞则尚本色，不讲藻饰。

马是马致远，他也是散曲作家，我在前一讲里已经讲过。他的曲辞，虽则富于文采，但极清奇，别成一派。所作杂剧存于今者有七种，以《汉宫秋》一种为最有名。

郑是郑光祖，字德辉，是后期的大作家。在当时很享盛名，《录鬼簿》说："公之所作，名闻天下，声振闺阁，伶伦辈称郑老先生，皆知其为德辉也。"他的作品留存到现在的计有五种。

白是白朴，字仁甫，也是自金入元者。他的作品和王实甫一样，藻彩焕发，不过两者的风趣却又不同：王的曲辞是艳丽的，而白的则于典丽中寓豪放磊落之气。作品今存三种，《梧桐雨》叙唐明皇杨贵妃事，是一本极完美的悲剧，元曲中第一等杰作。

这四家以外，还有武汉臣、纪君祥、宫天挺、乔吉等许多大作家，这里不一一细叙了。

现在，我再把杂剧的体例详为讲解一下。

（一）**本**　杂剧的每一个剧本名叫一"本"，如果材料丰富，一本容纳不下，则扩充为二本或三本（不过在现存的元剧中，二本或三本的例子都没有），《西厢记》则竟有五本之多，普通都只有一本。

（二）**折**　每一本分作几段，每一段名叫一"折"。"折"字或写作"摺"，原是金元的方言，所谓一折，就是一场的意思，和现代剧中的一幕相仿佛。

一本杂剧里究竟共分几折，元人的原来形式现在已不可知道了，据现存的元刊本而论，都是一气呵成的写下来，没有分折的痕迹可以从中找到。明人的刊本中也有这样的形式，但大部分是分折分得极清楚的。当然，这是明朝人的分折，不是元人的本来形式，我们只要看一种杂剧有两种刊本的，两本的分折往往不同，并且绝无规律，就可推知其中的一切。

我们即就明人的分折而论：每一本杂剧例分四折，以每一套曲，并前后宾白动作为一折。《西厢记》的第二本有五套曲，应为五折，是一个例外（明清人要严守一本四折的规律，常把它的第一第二两折合并成一折，或把第二折当作楔子，强使它成为四折）。《元曲选》本的《赵氏孤儿》（纪君祥作）也是五折，但元刊本没有第五套曲，大约原来只有四套曲。

（三）**曲**　杂剧所用的套曲，其组织和散曲完全相同。每折换一宫调，每宫调的曲子大都在十曲以上。第一折几乎全是《仙吕点绛唇》套；第二折以《南吕一枝花》套和《正宫端正好》套为最多；第三折以《中吕粉蝶儿》套为多；第四折则大都为《双调新水令》套。

（四）**楔子**　这是元人杂剧里很特别的一种结构。元剧既以四折为度，其情节四折不够容纳时，则另加一小段，用小令一二支，名曰"楔子"。楔子和折，在实质上是相等的，所不同的仅是形式而已——前者用小令，后者用套曲。楔音屑，本来的意思是加在木器插缝中间之细碎小木，使之紧聚而不松泄。杂剧中的楔子，其意义与此差不多。在元朝，也许名叫"楔儿"（见《中原音韵》和《太和正音谱》），到了明朝，才叫楔子。它的用处，郑振铎先生曾归纳成五项，而邵曾祺先生则又归纳成两项，现在把邵先生的两项，节录在下面：

1.剧本里有一部分事实，应该在台上表演出来，而这一部分事实太简单，不能够拉长成一折，就用楔子来表示它。例如现存元明杂剧一百四十九本里面，有九十四本用楔子，最少有三十本是用楔子表示饯行的场面，大约就是这个缘故。

2.剧情复杂变化太多，重要的场面已经占了四折。为了维持北剧的规矩起见，不能再增加折数，只好把比较不重要的情节，用楔子来表演。

每一本杂剧，普通都用一个楔子；大多数是放在剧的开始，部分是用在折与折之间。但有少数的几个例外，一本中有两个楔子。楔子所用的曲，是小令一二支，在现存诸剧中，用得最多的是《仙吕赏花时》（或一支，或带《么篇》），其次是《仙吕端正好》（此曲是专作楔子用的，旁处不用）。用其他曲调作楔子的，仅只三调，每调只一剧用过。《西厢记》第二本实际有五折，但明人刻本中，有个把第二套曲作为楔子，仍算四折，这未免太有乖常例了，不能作为楔子不用小令的例外。

（五）**宾白**　杂剧里的说白叫做"宾白"。昔人以为元曲唱者只限于主角一人，其余角色，仅能说白，不容歌曲，所以谓之宾。这一说比较近乎情理，也许是可信的。《元刊杂剧》几乎全是曲文，绝少宾白。臧懋循在《元曲选》的序文里说："杂剧作者所自作，仅有曲辞，其宾白则演剧时伶人自为之。"因此，我们现在所见的明刻本杂剧里的宾白，究竟是否元人的作品，实在不敢相信。

（六）**角色**　杂剧的角色，似乎名目很纷繁，其实归纳起来，不出末、旦、净、丑、杂五类而已。

末——所饰均男角，有正末、冲末、外末（常简称外）、副末、小末（即小末尼）、大末、二末（同时有两末，即以大二分别）诸种，均可简称为末。

旦——所饰为女角，有正旦、老旦、外旦、贴旦、副旦、小旦、旦儿、搽旦、色旦、大旦、二旦诸种，均可简称为旦（《西厢记》的老夫人由"外"饰，当即"外旦"之简称，而非"外末"）。

净——脸上以彩色涂脸谱，有净与副净两种。

丑——鼻上涂白粉，扮演滑稽的角色。

杂——不重要的角色，大都由杂扮饰。

在杂剧中，还有驾、孤、孛老、卜儿、俫儿、细酸、邦老等，都是金元的俗语，不是角色的名目（驾是帝皇；孤是官；孛老是老年人；卜儿即鸨儿的省文，亦作寻常老妇解；俫儿是孩童；细酸是秀才；邦老是市井无赖及盗贼）。又有驾旦、魂旦、禾旦、旦俫、林旦、岳旦等，不过就剧中人身份或姓氏之不同，加一形容词以示区别，也不是角色的专名（帝皇既曰驾，故扮后妃之旦曰驾旦；魂旦是鬼魂者；禾旦是扮农家女者；旦俫是扮女孩者；林旦和岳旦是姓林和姓岳的女子）。

（七）**末本和旦本** 元剧中的每一套曲，例由一个人独唱，不是正末就是正旦。如果一个剧本里，四折和楔子全由正末唱的，这个剧本就叫"末本"；反之则叫做"旦本"。在现存的元剧里，大部分是这样的；不过内中有一部分剧本，虽然全剧由一个角色唱，但这个角色在全剧中，并不是扮饰同一人物。如《单刀会》为末本，第一折正末扮乔国老，第二折扮司马徽，第三折第四折均扮关羽。也有四折由同一角色（不一定同一人物）唱，但楔子却由另一角色唱，如《西厢记》的第一本，四折均正末唱，楔子却由老夫人和正旦分唱。这类还可勉强说得过去，至于《西厢记》的其他各本却完全不合规律，是例外了。并且老夫人、惠明、红娘等并不是正末或正旦等主唱的角色，居然也唱起来了。类乎《西厢记》的，还有二三种也同样的不合规律。

（八）**题目正名**　在每本杂剧的末后，必有整齐相对的二句或四句，以提挈全部纲领，总括全剧情节者，名曰"题目正名"。四句的如《西厢记》各剧，二句的如《窦娥冤》：

　　题目　秉鉴持衡廉访法
　　正名　感天动地窦娥冤

字数，不限定于七言，也有五言的，八言的，最多有十一个字的。不论二句或四句，最末一句往往就是本剧的剧名，而最末三个或四个字，也就是本剧的简称。例如上面这本剧，本名叫《感天动地窦娥冤杂剧》，简称就叫做《窦娥冤》。所以这一句名为"正名"。当然也有例外，有的把"题目"作为剧名的，不过极少而已。以前人有认为这也是宾白的一部分者，其实是错误的，和题目正名并没有关系，我们只要看元刊《古今杂剧》就可明白。元刻本中有一种的末后是这样刻的：

　　………………（散场）
　　题目　………　……………
　　正名　………　……………

在题目正名之前既有"散场"二字，那明明是戏已完了。大约这两行是写在戏场外的罢。或许是由别的工作人员来念唱的，那也有可能。

我在前面所说的，都是指由北曲组成的杂剧而言。北杂剧到了明朝嘉靖以后，几乎没有人演唱了。写作杂剧的，有改用南曲者，也有用南北合套者。就是仍用北曲的，也把旧有的规律破坏殆尽，有少至一折（如清杨潮观的《吟凤阁》），多至七折（如明王衡的《郁轮袍》）者。也有一剧四折，分叙四个故事（如徐渭的《四声猿》）者。楔子的使用也和元人完全不同，竟有作为全剧的提纲（如明汪道昆的《大雅堂杂剧》）的。实际上杂剧在那时已经灭亡了。关于南杂剧，我想也不必在这里多所叙述了。

明朝臧懋循《元曲选》，中华书局本。隋树森《元曲选外编》，中华书局本。

第十二讲　《琵琶记》
——明人传奇的代表作

读者诸位已经知道唐代的文言小说名叫"传奇文"，简称为"传奇"（参阅本书第五讲）。但这"传奇"两字到了元朝，却用以指戏剧，不再是指小说了。

中国古代的戏剧，可以分为"杂剧"和"传奇"两个系统，"杂剧"已在上一讲里讲过，这一讲继续讲"传奇"。

"传奇"最初的名字叫"戏文"，是宋元间以南曲组成而流传于南方的戏剧，所以又叫做"南曲戏文"，简称为"南戏"。它的发源地在浙江永嘉一带，因此亦名"温州杂剧"或"永嘉杂剧"。在宋元时，戏剧总称为杂剧传奇，两者常常混称，不大有区别。到了明朝，始以一本四套北曲的名叫杂剧，而传奇则专指一本三四十出的南戏了。

以前的人，都以为传奇是由杂剧进化而成，从四折扩展到三四十出，从北曲改成南曲，或南北合套，这似乎是极合逻辑的。然而现在却知道是不对的，这样的说法和历史事实相反背。据最近研究者的论断，认为两者的起源各自不同，南戏的兴起更在北剧之前。

我们知道北杂剧大约起于金末，而南戏则在宋代早已有了。郑振铎先生从种种方面加以研究，发现传奇或戏文的体裁或组织，和印度戏曲逼肖的地方，实足令我们惊异不置；并且在题材上，也可以找出许多奇巧的肖合来。于是，他相信中国戏剧的远祖实是印度戏剧，中国南戏的体裁或组织是从印度戏剧脱胎出来的。在我们没有得到证据更充分的别的结论以前，我们不能否定这论断。

宋元南戏大都已经亡佚了，其名目今日还可知道的凡一百余种。这一百余种中，完完整整留存到现在的，只有被保留在明代的类书《永乐大典》中的三种；此外还有极少数的几种，虽则有明刻本流传着，但已遭明人的妄改，弄得面目全非，不能见其真相了。——《琵琶记》就是其中之一。

《永乐大典》中的三种，其名目为：《小孙屠》《张协状元》《宦门子弟错立身》。

《小孙屠》题古杭书会编撰，全剧很短，只相等于元人杂剧的一本。可见早期的戏文也有极短的，并不都像后来传奇那么长。

《张协状元》却和《小孙屠》不同，篇幅很长。作者也不可考，从其唱白中推测，似乎是温州"书会"中人所编。

《宦门子弟错立身》的篇幅也很短，和《小孙屠》差不多，题"古杭才人新编"（所谓"才人"，是宋元时编撰剧本者的称谓；而"书会"则是他们组织的团体）。

这三种中，短者曲多白少，长者白多而冗漫。曲和白虽都明白易晓，但平凡少力，究竟是初期的作品。

足以称为传奇系的典型作品的《琵琶记》，就不然了。作者是一位知名的文人，作品又具有特色，确是一部伟大不朽的名著。

《琵琶记》的作者高明，字则诚，温州人，元末进士，在浙江、江西、福建等处做官，很有文名。元亡，明太祖即位，召他去，推说有病不去。

《琵琶记》搬演的是蔡伯喈故事，这故事在宋元时似乎很盛行。我在第八讲里所引的那首陆放翁诗，末句"满村听取蔡中郎"，指的就是这故事。据明人的记载，宋朝光宗时，有一种叫《赵贞女蔡二郎》的戏文，是戏文的祖。这戏文说赵贞女和蔡二郎结婚不久，便分别了。分别后，女的在家孝敬翁姑，翁姑死了，家贫，只得把罗裙包土，建筑坟墓。男的离家后，背弃父母妻子，结果给雷打死。但《琵琶记》所演的却不是这样，他把民间向来流行的，宣扬蔡伯喈不忠不孝的故事翻了案，洗刷了蔡氏所受的冤枉。全部的故事大约是这样的：

> 蔡伯喈和赵五娘结婚后两月，因为蔡要到京师去求功名，于是便分别了，临行时把父母妻子托给邻人张大公。蔡在京中了状元，牛丞相靠了皇帝的势力，硬要把女儿给他做妻子。蔡伯喈毫没有抵拒的办法，只得勉强依允，入赘在牛府。但他心里老是不快活，天天愁眉不展，非常忧郁。牛小姐见这情形，心里极怀疑，经她细细盘问，才得明白一切。但她非常贤明，便告诉她父母，差人去迎接他的父母妻子，一同来京居住。

> 至于家里呢？赵五娘孝敬翁姑，但清贫如洗，再加以连年荒灾，虽则时得张大公的周济，度日实极艰难。不久，两老先后死去，五娘剪发出卖，买棺以殓，并用麻裙包土，自造坟墓。完成了后，遂决意上京寻夫。她打扮了道姑模样，带了自画的翁姑肖像，和一只琵琶，随路弹唱几只行孝曲儿，教

化前去。到了京师，经过了几次波折，终于寻到了
蔡氏。大家诉说一切，方才彼此明白。于是三个人
一同回去祭扫坟墓。这时牛氏差遣去迎接两老的人
也回来了，他述说了所闻到的一切，牛丞相把蔡氏
一门孝道表奏朝廷。结果是蔡伯喈加官晋爵，赵牛
二氏各封夫人，张大公助人之德，也有官职俸禄。

一向是以"不忠不孝蔡伯喈"相传的，高则诚这样的把他
变成为"全忠全孝蔡伯喈"了。这便是民间文艺和文人文艺两
者间的距离了。

本剧一向推为传奇之冠，佳处不可胜说。"一面并不曾弃
却民间的浑朴质实的风格，一面并具有诗人们本身所特长的铸
辞造语的隽美与想象，描写的深入与真切。"（郑振铎先生语）。
记中《吃糠》一出，向来传为佳作，兹引录二曲（这是赵五娘
唱的，她因为日子不容易过，张罗几口淡饭让公婆吃了，她自
己强咽一些糠皮）如下：

〔孝顺歌〕呕得我肝肠痛，珠泪垂，喉咙尚兀自
牢嗄往。糠那！你遭砻被舂杵，筛你簸扬你，吃尽
控持，悄似奴家身狼狈，千辛万苦皆经历。苦人吃
着苦味，两苦相逢，可知道欲吞不去。
〔前腔〕糠和米本是相依倚，被簸扬作两处飞，
一贱与一贵，好似奴家与夫婿，终无见期。（丈夫，
你便是米呵！）米在他方没寻处，（奴家恰便似糠
呵！）怎的把糠来救得人饥馁！好似儿夫出去，怎
的教奴供膳得公婆甘旨！

因为文辞的美妙，于是诡异的传说，照例地纷纷而出。据说作者创作此曲时，写到"糠和米本是相依倚"这一句时，点在他桌上的两枝蜡烛，其烛焰交而为一了。这虽是无稽之谈，然也可见本剧自来被人所赞颂了。

《琵琶记》之外，《荆》《刘》《拜》《杀》四剧是被称为元明间四大传奇的。

《荆钗记》，传为明宗室宁献王朱权作，写宋朝王十朋的故事。

《刘知远》一名《白兔记》，不知谁作。这故事也是很久已有了。金时有《刘知远诸宫调》（参阅本书第八讲）。

《拜月亭》一名《幽闺记》，是元人的作品，相传为施惠作。故事本关汉卿《闺怨佳人拜月亭》杂剧，曲辞亦多蹈袭的地方。

《杀狗记》，也不知谁作，明徐畛曾写过，明末冯梦龙又加以改作，故事和元萧德祥杂剧《杨氏女杀狗劝夫》相同。

此四剧，除《拜月亭》外，曲白都明白浅显，究是初期的作品。到了明朝万历年间，传奇作品极盛，有个沈璟，懂音律，守曲律极严，一字一韵都不苟且，所以有人认为他是自有南曲以来最精于律的。还有个汤显祖，恰和他相反，他的艺术天才极高，用笔奔放，不拘泥于韵律。总之他们都是明朝的最大传奇作者。

沈氏的作品,有十七种之多,今可见到的,仅《义侠记》《埋剑记》《双鱼记》《桃符记》《博笑记》等几种而已。汤氏所作只《玉茗堂四梦》及《紫箫记》五种,都已收入《古本戏曲丛刊》。《玉茗堂四梦》,包括《还魂记》《紫钗记》《南柯记》《邯郸记》四剧,都是佳构。《还魂记》一名《牡丹亭》,为四剧中的尤佳者,潇洒绮丽,可说是一首隽美的抒情诗。

清人传奇,以清初洪昇的《长生殿》和孔尚任的《桃花扇》为最著,可称双璧。

现在再讲南戏的体例。

第一是分出的问题。我们从元代的杂剧知道元刊本是不分折的,明朝的刊本却分折分得极清楚,原来这分折的把戏是明朝人干的(参阅前一讲)。据现有的材料以观南戏,似乎也是同样的情形。我们见《永乐大典》中的三本戏文是不分出的(原无单刻本,中华书局今已出版《永乐大典戏文三种》,可直接比勘),但明刻本的《琵琶记》等,却分出也分得极清楚了。并且不但分出,每出还有一个四字或两字的出目。如通行本《琵琶记》:

| 第一出 副末开场 | 第二出 高堂称寿 |
| 第三出 牛氏规奴 | 第四出 蔡公逼试 |

……

据明凌氏刻本的卷首凡例说:"历查诸古曲,从无标目,其有标目者,皆后人讹增也。且时本亦互相异同,俱不甚雅。从臞仙本,不录。"可见这每出的标目本非原来面目。其他类乎这样经明人改动过的,不知有多少。

这个"出"字,不见古字书,大约是明人的俗字,声音和"折"相近,也许"出"就是"折"的假借字(也有一种明刊本传奇,径用折字的)。

杂剧每本四折,戏文及传奇则无一定的出数。《琵琶记》有四十二出,《荆钗记》有四十八出,《拜月亭》有四十出,《白兔记》三十二出,《杀狗记》三十六出。全剧相比,传奇较杂剧为长,但就一段而言,传奇的一出远比杂剧的一折为短。

第二,题目。我们知道元杂剧的末后,必有称为"题目正名"者二句或四句,而该剧的剧名,也就是这"题目正名"的末句。戏文则一开头便有四句韵语,说明戏情的大纲。而剧名也就在末句中(只《张协状元》是例外),其作用正和杂剧的题目正名相等。如《小孙屠》云:

李琼梅设计丽春园,孙必贵相会成夫妇。
朱邦杰识法明犯法,遭盆吊没兴小孙屠。

明人传奇,既分出,又有出目,所以就用不到题目了。但在副末念完开场白之后,却多了四句下场诗,这实在就是题目的变相。《琵琶记》虽说是戏文之一,但现在所见的是明刻本,所以就是这样的一种形式。讲到这里,应该先把所谓"家门"的讲一讲。

第三,家门。在未演正戏之前,例由一末脚登场,报告戏情,在传奇中是第一出,标目曰"家门",或"开场""开宗""提纲"等。普通都用词两阕,是诵念而非唱的,第一阕浑写大意,第二阕叙说戏情;也有仅用一阕的,把浑写大意的一阕省去了(《小孙屠》和《张协状元》都有二阕,《宦门子弟》便只有一阕)。

现在把《琵琶记》的第一出（副末开场）录下，以见一斑。

〔水调歌头〕（副末上）秋灯明翠幕，夜案览芸编。今来古往，其间故事几多般。少甚佳人才子，也有神仙幽怪，琐碎不堪观。正是不关风化体，纵好也徒然。　论传奇，乐人易，动人难。知音君子，这般另作眼儿看。休论插科打诨，也不寻宫数调，只看子孝共妻贤。正是骅骝方独步，万马敢争先。

（问内科）且问后房子弟，今日敷演谁家故事，那本传奇？（内应科）三不从琵琶记。（末）原来是这本传奇。待小子略道几句家门，便见戏文大意。

〔沁园春〕赵女姿容，蔡邕文业，两月夫妻。奈朝廷黄榜，遍招贤士，高堂严命，强赴春闱。一举鳌头，再婚牛氏，利绾名牵竟不归。饥荒岁，双亲俱丧，此际实堪悲。

堪悲。赵女支持，剪下香云送舅姑。把麻裙包土，筑成坟墓，琵琶写怨，径往京畿。孝矣伯喈，贤哉牛氏，书馆相逢最惨凄。重庐墓，一夫二妇，旌表门闾。

极富极贵牛丞相，施仁施义张广才；

有贞有烈赵贞女，全忠全孝蔡伯喈。

上面最后四句就是下场诗，其为题目的变相，不是很明白吗？再说，下场诗是每出的末后都有，并不限于第一出；不过其他各出的下场诗，都说各该出的剧情大概，唯有第一出的下场诗则说全剧的剧情。又各出的下场诗都是由剧中人自念的，或者一个人念，或者几个人合念。

第四，曲。我在这一讲的开始早就说过，南戏是以南曲组成的，因此，南戏的曲应该纯粹是南曲。然而不然，内中间或也有北曲，一种是只曲，一种是合套。

只曲的例，如《琵琶记》第八出中，有一支北双调《清江引》。又如《白兔记》第二十四出中，有一支北南吕《一枝花》。这正和元人杂剧吴昌龄的《花间四友东坡梦》中，有一支南仙吕过曲《月儿高》，关汉卿的《望江亭中秋切鲙》中，有一支南羽调过曲《马鞍儿》一样。只要在曲律上不生问题，南戏中偶然插入一二支北曲，或北剧中偶然插一二支南曲，都是没有关系的（所谓在曲律上不生问题，如《清江引》《月儿高》和《马鞍儿》都是戏中人所唱的一支曲子，《一枝花》是武戏中的冲场曲子）。

合套的例，如《小孙屠》中有双调《北新水令》和《南风入松》的南北合套等是。在明清传奇中甚多，且更有整出全用北曲者，如《长生殿》中第十、十七、二十、三十二、三十三、三十八、四十六等出都是。

杂剧所用的套曲，每折一套，每套换一宫调，大都在十曲以上。南戏却不然，一出中不限于一宫调，换句话说，就是不限于一套，而每套又不过两三曲乃至六七曲而已。兹举《琵琶记》第十出为例，录其宫调和曲牌如下：

> 仙宫入双调——窜地锦裆　哭歧婆
>
> 越调——水底鱼儿
>
> 正宫——北叨叨令
>
> 仙吕入双调——窜地锦裆　哭歧婆　五供养　前腔
>
> 中吕——山花子　前腔　前腔　前腔　太和佛　舞霓
>
> 裳　红绣鞋　意不尽

至于用韵，当然每出不限定一韵，容许换韵的。还有"衬字"，杂剧中因应用俗语极多，所以须多量增加衬字；戏文比较的俗语少，所以衬字也不必多加，仅是几个虚字而已。

第五，白。杂剧中的白，都用纯粹的口语体。戏文和传奇中则大概对白仍用口语体，独白有时用骈体语的，如《张协状元》中，就有下面这样的骈语：

> （末白）小客肩担五十秤，背负五十斤。通得诸
> 路乡谈，辨得川广行货。冲烟披雾，不辞千里之迢远；
> 带雨冒风，何惜此身之跋涉。

到了明人传奇中，则此风更甚，像邵璨的《香囊记》，郑若庸的《玉玦记》、屠隆的《昙花记》、梁辰鱼的《浣纱记》、张凤翼的《祝发记》、梅鼎祚的《玉合记》等，竟是通本都作俪语了。

在杂剧中，人物登场，通常都是先白后曲；但在戏文或传奇中，则大概都是先曲后白，除非在不重要人物上场时，或急遽上场时，才有例外。

第六，介。北剧的动作称"科"，南戏则称"介"（有时介和科杂用，也有连用称"科介"者）。这大约是南北方言的不同。

第七，角色。南戏中的角色，大约分"生、旦、外、贴、丑、净、末"等几种。杂剧以"正末"为男主角，戏文和传奇则以"生"为男主角，而"末"则反饰不重要人物，这是两者不同的地方。

第八，唱法。就唱法而言，南戏和北剧的差异很大。两者歌唱时咬字行腔的情形，虽间或可考知一二，但大部已亡失，没有人再会歌唱得和宋元时一式一样，所以只好置诸不论。北

剧每套曲，例由一人独唱，从头唱到底；唱者必系主角，非末即旦。南戏则既非一人独唱到底，又不限定主角唱，无论哪一个角色都可唱，都要唱，有时连站在旁边陪衬的杂角都要唱。并且除了独唱外。又有"接唱""同唱""合唱"等格式（这里所说的"独唱"，是说一个人唱一支曲子，并不如北剧的一人唱到底）。

接唱者，二个人分唱一支曲子，一个人唱了一句或几句，由第二个人接下去唱完此曲，如《琵琶记》第三出（净丑饰两个丫头）：

〔雁儿落〕（净）庭院重重，怎不怨苦，要寻个男儿，又无门路。（丑）甚年能够和一丈夫，一处里双双雁儿舞。

同唱者，二人或二人以上同声唱一支曲子（有时所有登场人都要唱），如《琵琶记》第二出（生饰蔡伯喈，旦饰赵五娘）：

〔侥侥令〕（生旦）春花明彩袖，春酒泛金瓯，但愿岁岁年年人长在，父母共夫妻相劝酬。

合唱者，第一曲的上几句由甲唱，下两三句由甲乙二人合唱：第二曲的上几句（大概是同一调，所以腔同辞异）由乙唱，底下两三句辞必与上曲相同，仍由甲乙两人合唱。唱的人加多，唱法准此。如《琵琶记》第二出：

〔锦堂月〕（生）帘幕风柔，庭帏昼永，朝来峭

寒轻透。亲在高堂,一喜又还一忧。惟愿取百岁椿萱,
长似他三春花柳。(合)酌春酒,看取花下高歌,共
祝眉寿。

〔前腔〕(旦)辐辏,获配鸾俦,深惭燕尔,持
杯自觉娇羞。怕难主蘋蘩,不堪侍奉箕帚。惟愿取
偕老夫妻,长侍奉暮年姑舅。(合前)

所谓"合前",就是合唱前曲中的"酌春酒……"那三句。这
类合唱,还有一种变格,是由接唱和合唱相并的,如下曲(仍
是《琵琶记》第二出,外饰蔡父,净饰蔡母):

〔宝鼎现〕(外)小门深巷,春到芳草,人闲清
昼。(净)人老去星星非故,春又来年年依旧。(旦)
最喜今朝春酒熟,满目花开如绣。(合)愿岁岁年年,
人在花下,常酌春酒。

南戏的唱法,大概不外此五种。唯合唱略有一些例外:
(1)"合前"的辞句,有时不同前调,如《琵琶记》第五出:

〔园林好〕(生)儿今去爹妈休得要意悬,儿今
去今年便还,但愿得双亲康健。(合)须有日拜堂前,
须有日拜堂前。

〔前腔〕(外)我孩儿不须挂牵,爹指望孩儿贵显,
若得你名登高选。(合)须早把信音传,须早把信音传。

(2)上引《宝鼎现》一曲后面没有第二调,但这在唱法上

是没有关系的。

第九，结构。传奇长达数十出，其结构大约有一定的形式。第一出既为"家门"，从第二出起始有角色登场，大概首几出必为人物之介绍，第二出大都是介绍男主角，第三出介绍女主角，如还有人物要介绍，则排在第四五出。人物介绍既毕，然后戏剧的事件展开。而最末一出，例须使重要人物全体登场，把事件的纠纷作"团圆"的解决，这本戏于是完毕，即使是任何的悲剧，也不能免此收场。因此元剧的《窦娥冤》，窦娥终被杀戮，但到了明朝改编为传奇（《金锁记》）时，竟使夏日降雪，窦娥不死，于是可得"团圆"。又如元剧《梧桐雨》，杨贵妃死后，唐明皇思念不止，剧便完毕；到了清人的《长生殿》，死人不可复生，于是使明皇到天上去和她"团圆"。而高则诚的《琵琶记》，使不忠不孝的蔡伯喈变为全忠全孝，也是这缘故。这都是传奇的编者过分重视团圆的结果。

钱南扬《永乐大典戏文三种校注》，中华书局本。明朝毛晋《六十一种曲》，文学古籍刊行社本，均可参考。

第十三讲 《水浒》《三国》《西游》《红楼》

——四部长篇小说

鲁智深和武松，关羽和张飞，孙行者和猪八戒……这些中国长篇小说中的人物，在诸位读者的脑海中，大约早已有很深刻的印象了。记得在我们童年的时候，新小说还没有产生，西洋小说介绍进来的既不多，流行又不广，供我们暇时阅览的，就是这几部长篇小说——《水浒传》《三国演义》《西游记》《红楼梦》等。我们常常一遍又一遍地反复读着。这些小说确是中国文学中明莹的结晶。

我在本书第九讲，曾经讲起过，记录讲史的叫平话，都是长篇。流传到现在的最早的一部平话，是《新编五代史平话》，大约是宋人的作品。我现在正要讲的《水浒传》《三国演义》和《西游记》，都是这一系的元明的作品。

平话原是说话人讲说时所用的底本，但一方面也可作为一种文艺作品，供读者就文字来欣赏。因此，无形中把这形式凝定了，后来即使不是供说话人讲说的，也采取了这体式，一直不改变，直至新文学起来以后。中国的长篇小说老是采取这种所谓"章回体"或"演义体"的形式者，就是这缘故。

现在我们先把这形式来分析一下。

一部平话当然不是讲一次,每一次,我们在口头叫做一回。因此,这些平话的每一段,或每一节,就称之为一"回"。每一回有一个题目,通常是七言或八言的一对联语,如《水浒传》:

第一回　王教头私走延安府　九纹龙大闹史家村
第八回　柴进门招天下客　林冲棒打洪教头

也有多于八个字,或少于七个字的,但不常有,如《水浒传》:

第二十六回　母药叉孟州道卖人肉　武都头十字坡遇张青

又如《西游记》:

第十四回　心猿归正　六贼无踪
第二十三回　三藏不忘本　四圣试禅心

在文字中,和话本一样,处处都保存着讲说的口吻,自己称"说",对方称"听",如每回开头必有"却说""话说""且说""话表"等辞,末尾必有"且听下回分解"等是。再如《水浒传》第三十一回中:

那两个女使正口里喃喃呐呐地怨恨,武松却倚了朴刀,掣出腰里那口带血刀来,把门一推,呀地推开门,抢入来,先把一个女使一刀杀了。那一个却待要走,两只脚一似钉住了的,再要叫时,口里

又似哑了的；端的是惊得呆了。——休道是两个丫环，
便是说话的见了也惊得口里半舌不展！

则更是好例，和客观的描写中忽然插进一句主观的叙述，这正
是说话人讲说时常有的情形。

一部平话既然不止讲一次，说话人最怕听者听了一二次不
肯继续听下去，因此在每回讲毕的时候，故意卖弄一下，使听
者到明天非来续听不可。通常都是说到情节最严重的关头，听
者正聚精会神地听着的时候，他不说下去了，宣告明天再说。
如《水浒传》第十六回末，讲杨志失了生辰纲后，他一个人想：

"如今闪得俺有家难奔，有国难投，待走那里去？
不如就这冈子上寻个死处。"撩衣破步，望着黄泥冈
下便跳。正是：断送落花三月雨，摧残杨柳九秋霜。
毕竟杨志在黄泥冈上寻死，性命如何？且听下
回分解。

这是说话人的惯例，到现在也还是这样。据传有说《武松醉
打蒋门神》一节的，武松脚踏蒋门神的身体，说了几天，武松还
没有把手打下去；而听者却听得怪有味的，谁也不愿半途而止。

在全书的开场和收尾，往往以一首诗或一首词作起和作
结。如《水浒传》以一首宋朝邵康节做的七言律诗开始的：

纷纷五代乱离间，一旦云开复见天。草木百年
新雨露，车书万里旧江山。寻常巷陌陈罗绮，几处
楼台奏管弦。人乐太平无事日，莺花无限日高眠。

于是从这首诗引到故事上去。全书的收尾是两首律诗：

> 太平天子当中坐，清慎官员四海分。但见肥羊
> 宁父老，不闻嘶马动将军。叼承礼乐为家世，欲以
> 讴歌寄快文。不学东南无讳日，欲吟西北有浮云。
> 大抵为人土一丘，百年若个得齐头。完租安隐
> 尊于帝，贫瞭奇温胜若袞。子建高才空号虎，庄生
> 放达以为牛。夜寒薄醉摇柔翰，语不惊人也便休。

在每一回的开场，大都没有诗或词，但在《西游记》中，则有好几回是由一首诗或一首词引起的。

在每一回的末尾，那一定有诗的。通常都是两句七言诗（例见前引《水浒传》第十六回）；但在《水浒传》中，则更多的是在诗句前再加二句或四句骈俪文，如第六回末，叙鲁智深新到菜园，邻舍几个泼皮要寻一场闹，一顿打，计划好了，这回便结束，接下去写着：

> 只教智深"脚尖起处，山前猛虎心惊；拳头落时，
> 海内蛟龙丧胆"。正是："方圆一片闲园圃，目下排成
> 小战场。"那伙泼皮怎的来作弄智深，且听下回分解。

也有即以骈俪语代替诗句者，如第三十五回末，叙官方要捉宋江，把宋家庄团团围住：

> 不因此起有分教："大江岸上，聚集好汉英雄；

闹市丛中，来显忠肝义胆。"毕竟宋公明在庄上怎地
脱身，且听下回分解。

　　至于在正文中，也有用诗词的，或由作平话者自己写作，
或借用古人现成的作品。《三国演义》中用得最多，除了有一
部分是故事情节上应有的诗词文章（如第四回讲董卓废少帝，
立献帝。就把少帝和唐妃临死所作的歌和董卓废少帝的策文，
还有袁绍为了反对董卓，给王允的信等件，一并引入）外，还
有不少"后人有诗叹之曰"的诗文。这些诗文据说都是唐宋名
人的作品，但并不一一注明是谁作的，如第四十六回记诸葛亮
草船借箭的故事毕，便引一篇《大雾垂江赋》，第一百四回叙
到诸葛亮死后，便把杜甫和白居易的两首七律，元稹的一首五
律，一古脑儿都引了进去。

　　在《西游记》中，还有一种更近于话本的形式，就是在文
中插加几句带骈俪式的文字，大都是描写性的，或者描写一个
人物，或者描写一处风景，也有描写一件东西的。如第一回中，
美猴王看见一个樵子在那里举斧砍柴，但看他打扮非常：

　　　头上戴箬笠，乃是新笋初脱之箨；身上穿布衣，
乃是木棉拈就之纱；腰间系环绦，乃是老蚕口吐之
丝；足下踏草履，乃是枯莎槎就之爽；手执衠钢斧，
担挽火麻绳，扳松劈枯树，争似此樵能。

接下去叙美猴王依了樵夫的指示，经过一山坡，果然望见一座
洞府，挺身观看，真好去处。但见：

烟霞散彩，日月摇光；千株老柏，万节修篁。

千株老柏，带雨半空青冉冉，含烟一壑色苍苍……

《西游记》中同样的形式非常之多，这正可以证明这类长篇小说是由变文、鼓子词、话本一系衍变而成的。

现在我们继续举几种代表作品来介绍一下。

《水浒传》是中国长篇的英雄故事中一部最古的作品，最杰出的代表作。它是一个完整的民间的英雄传说，经过了许多次的演化和润饰，才成为中国小说中最伟大作品之一。

《水浒》故事叙的是北宋末年，一伙以宋江为首的农民起义的故事。宋江在历史上是实有其人的，历史上说他的伙伴一共三十六人，"横行齐魏，官军数万，无敢抗者"。后来宋江投降，受命去征讨方腊。不过历史所说的非常简单，仅此而已。

现在我们所知道的《水浒》故事，内中不知加进了多少的民间说话人的想象与创造！

在南宋时候，这故事早已流传得很普遍了，宋末的龚圣与作有《宋江三十六人赞》，自序说"宋江事见于街谈巷语，不足采著，虽有高如、李嵩辈传写，士大夫亦不见黜"。可知这故事的风行了，可惜没有文字流传下来。现在所能见到的最早的雏型，要算《宣和遗事》中的一段（参阅第九讲）。不过所叙事实非常简单，似乎是一个说话人用以讲说的概略。

《宣和遗事》里讲的水浒故事可分五段：

（一）杨志在雪天旅况贫困，将一口宝刀出卖。一个恶少要夺这口宝刀，被杨志所杀。杨志刺配卫州城，被孙立和李进义（即卢俊义）所救。

（二）晁盖、吴加亮（吴用）、刘唐、秦明、阮进、阮通、阮小七、燕青八人劫取生辰纲，官厅行文书到郓城县捉拿，被押司宋江通信放走。八人便约杨志等去梁山泊落草。

（三）他们感念宋江相救情义，派刘唐送去一对金钗，宋江将金钗送与阎婆惜。宋江见阎婆惜与吴伟打暖，把二人杀了，逃在九天玄女庙里，得到天书。他便带领朱仝、雷横、李逵等投奔梁山泊。

（四）元帅张叔夜招安宋江等三十六人，各授武功大夫。

（五）派宋江取方腊有功，封节度使。

在元代，是杂剧兴盛的时代，今所知的元人杂剧名录中，便有不少是有关水浒故事的，约计有一二十种之多。其中以写黑旋风李逵的为最多，又有写武松打虎、燕青博鱼射雁等故事。

到了元末明初，有个罗贯中，依据了元人施耐庵所著的一部《水浒传》，重为编次一部。这部便是明代的许多不同的《水浒传》之所从出。但是这两部祖本（即施本和罗本），现在都已没有了。罗氏的原本，据郑振铎考证，在宋江受招安以后，就是征方腊，功成被害，魂聚蓼儿洼。到了明嘉靖时候，武定侯郭勋家中传出的《水浒传》，在受招安之后，征方腊之前，插入一段征辽故事，将全书定为一百回。对文字也作了加工润饰，使罗本面目完全改观。罗本每卷的头上有"致语"，相当于开篇，被郭本删去。这时候罗本与郭本都在流传，罗本文字简略，郭本文字繁丰。再后来，余象斗刊刻"新刊京本插增田虎王庆忠义水浒传"，用罗本，插入征田虎、王庆，再将郭本的征辽部分加入，由于郭本文字繁丰，加以删节。后来李卓吾批评本《忠义水浒传》，即用郭本，是一百回本。到杨定见的一百二十回《水浒传》，是用一百回的郭本《水浒传》，再加进余象斗本中的征田虎、王庆两大段，这两大段原在余象斗的简本中，杨定见把它改写，使得与繁本文字一致。到了明末清初，金人瑞把一百二十回本《水浒传》加以腰斩，成了七十回本《水浒传》。他把杨本的第一回移作楔子，第二回改作第一回，把七十一回改作七十回，再补作《梁山泊英雄惊噩梦》一段文章，加以批评，列入《圣叹外书》，并名曰《第五才子书》。

《水浒》故事是由怎样的社会背景而产生的？鲁迅先生说得好："宋代外敌凭陵，国政废弛，转思草泽，盖亦人情。"到了元朝，人民更进一步受外族的统治，加以贪官污吏的陵虐，豪绅地主的剥削，于是对于梁山泊的英雄，格外表同情；他们一肚皮的怨气就借《水浒》故事来发泄，一座山寨便变成替天行道的机关了。

就文学技术方面讲，《水浒传》描写个性的深刻，是我国旧小说中最成功的作品。《水浒传》的英雄共一百零八人，金圣叹说："一百八个人性格，真是一百八样……人有其性情，人有其气质，人有其形状，人有其声口。"其他像故事穿插的精密，口语辞汇和句式的尽量应用，都是它的特点。我们说《水浒传》是中国旧小说中最杰出的作品之一，一点不是过分之谈。

《三国演义》是一部流传最广的小说，它给与读者的既是文学的欣赏，又是故事的传布。它既是小说，又是近似的历史。三国的故事几为尽人皆知，没有不晓得的。我想诸位必都知道刘关张三雄结义，曹操是奸雄，三请诸葛亮，气杀周瑜，扶不起的阿斗等故事或成语。我们看戏，凡是见白面孔的必定猜是曹操，见"羽扇纶巾"穿八卦衣的，又必定猜是诸葛亮，这也都是受了《三国演义》的影响。尤其是关羽，他的受人崇拜，升为"圣"，列入"神"，早先跑到乡间去，店铺中供奉着的，人家悬挂着的，几乎老是关羽的像。这莫不是三国故事的效果。

三国故事的传布在民间，恐怕是很早很早的事，至迟在唐朝，便已经流传着了。到了北宋，更有"说三分"的专家。但我们所能见到的最早的讲三国故事的书，是《全相平话三国志》，则已是元代的作品了。就理论上推测，这一定不是三国故事的始祖，虽则还是纯粹的民间粗制品，原始性的作品。

《全相平话三国志》中有的情节被《三国志演义》所采用，如刘备、关羽、张飞桃园三结义，刘关张三将战吕布，吕布射戟替刘备与袁术的两军解围，曹操与刘备论英雄，关羽斩颜良、文丑，关羽与张飞在古城聚会，张飞在当阳长坂上吓退曹军，诸葛亮智激周瑜，蒋干游说周瑜，周瑜用反间计，诸葛亮借东风等。《平话三国志》里也有些奇特的情节，《三国演义》里没有采用的。像孙学究在洞里得到医书，为世人治病，度徒弟五百余人。一人名张觉，度徒弟十万人，以黄巾为记。张飞杀定州太守，与刘备、关羽往太行山落草。张飞鞭打军官曹豹，曹豹把徐州献给吕布，张飞向曹操求救。曹操向孙权下书，使者被诸葛亮所杀。张飞持剑去杀庞统，杀的却是一只狗，庞统说沿江州郡起兵叛刘备，诸葛亮劝庞统归顺刘备。看来，《演义》里吸收了不少《平话》中的材料。鲁迅说写"诸葛之多智而近妖"，像借东风就是从《平话》里来的。

元末明初的时候，就是编次《水浒传》的那个罗贯中，依据了《三国志平话》，去掉了其中荒诞的部分，结合了陈寿《三国志》和裴松之注，改写成为《三国志通俗演义》，于是这部书便风行了一时。罗氏名本，太原人，是一个读书人，相传他有《十七史演义》的巨构，这部《三国志通俗演义》，大约就是其中之一。他摊开了陈寿的《三国志》，和通俗的《三国志平话》，看见《平话》中有过于荒谬的传说，便依据了正史的材料加以修正；如果原来的描写还可以动人，就保存着。这样成功了这部演义（这部书现在还存留着）。

到了清初，又有一位文士毛宗岗（号声山），再把《通俗演义》依据了史书修改一遍，并加上批评，仿效《圣叹外书》，自称为《第一才子书》。全书一百二十回。于是这部《第一才子书》便代替了《通俗演义》流传下来，一直到现在。它当然的愈近于历史，同时愈远于民间传说了。

《水浒》和《三国》，大江南北的说书者，有许多人说着这两部书。如果有谁把他们的演辞一一记录下来，将又是一个面目了。

《西游记》，它的性质和上述两书又是不同。《三国》有历史上的真实的故事（当然还有不少的创造的部分），《水浒》是可能有的故事，《西游》却是不可能有的故事（虽然它的主题也是真实的）。

《西游记》的主题是唐朝玄奘法师（即小说中的唐僧）到西方去取经，途经八十一难的故事。小说中随同唐僧去的，有一个叫孙悟空，说是由一只通灵的猴子转变的，于是在前面，又增加许多近乎神话的部分。

玄奘取经本是中国佛教史上一件极伟大的故事，经过了民间的传述，于是渐渐地神话化起来。在宋初所引的书里（见《太平广记》），已经有不可能的记载，可见这故事的神话化是早已发生了。

现在所见的四种宋人话本中，有一种《大唐三藏取经诗话》，是演这故事的第一种小说。《取经诗话》里已有猴行者和深沙神,又在入王母池处,提到"我八百岁时到此中偷桃吃了"。

在元朝,有一种名叫《西游记》的出现,可惜现在已经亡失了,仅在《永乐大典》中保存了一段。《永乐大典》一万三千一百三十九卷"梦"字条中,有"梦斩泾河龙(西游记)",讲的就是今本《西游记》中第九回"袁守诚妙算无私曲,老龙王拙计犯天条"的事。那时还有《西游记平话》,更为重要。在朝鲜《朴通事谚解》里有"车迟国斗圣",是根据《西游记平话》编的,内容相当于《西游记》四十六回"外道弄强欺正法,心猿显圣灭诸邪"。《朴通事谚解》里还有八条注,讲《西游记平话》故事的,有孙猴子是西域花果山水帘洞的老猴精,号齐天大圣,他入仙桃园偷蟠桃,偷老君灵丹,去王母宫偷绣仙衣。玉帝命李天王征讨,失利,请二郎神捕获,压在花果山石缝内,画如来押字封着。唐僧路过此山,收为徒弟,法名悟空,同沙和尚、猪八戒一同去取经。初到师陀国遇虎蛇之害,次遇黑熊精、黄风怪、地涌夫人、蜘蛛精、狮子怪、多目怪、红孩儿怪,又过棘钓洞、火焰山、薄屎洞、女人国。在《平话》里没有唐僧出世情节。元末杨讷的《西游记杂剧》以写唐僧出世的"江流儿"开头,没有魏徵斩龙、太宗入冥这一情节。明代吴承恩的《西游记》写闹天宫,取经记,当本于《西游记平话》斩龙入冥,当本于《永乐大典》本《西游记》,江流儿故事当本于《杂剧》。吴承恩作了更大的发展,创作出《西游记》。吴承恩,字汝忠,号射阳山人,淮安山阳人。

《水浒》《三国》《西游》三种原来都是"平话",不过现在我们叫它们做"小说"。在这类平话中,自还有不少作品,但没有一种能胜过这三种的,所以我们不谈。

明清文人的创作长篇小说,那就很多,并且多极了,我这里只举一种《红楼梦》来作代表，其他一概从略。

《红楼梦》原本是八十回，现在传本为一百二十回，后四十回据近人的考证，是乾隆间的高鹗续的。《红楼梦》作者曹雪芹，名霑，字梦阮。他的祖先是汉人，入了满洲正白旗内务府籍。他家从他曾祖到他父亲，世袭江宁织造。康熙帝五次南巡，四次住在他家里。曹雪芹小时经历一段富贵豪华的生活，因他的父亲被削职抄家，他家转向贫困，在贫困中创作《红楼梦》，写到八十多回时，因爱子死亡，贫病伤痛而死。《红楼梦》续作者高鹗，字兰墅，汉军镶黄旗人。

本书初名《石头记》。鲁迅先生在所著《中国小说史略》中列入"人情小说"一类里，并说："全书所写，虽不外悲喜之情，聚散之迹，而人物事故，则摆脱旧套，与在先之人情小说颇不同。盖叙述皆存本真，闻见悉所亲历，正因写实，转成新鲜。"所以实是人情小说的杰作。

全书以荣国府贾政的儿子宝玉为中心，叙述一个大家庭八年间的盛衰的事情，由"坐吃山空"而到"树倒猢狲散"的地步。

宝玉是一个"一见女儿便觉爽快，一见男子便觉烦恼"的人物，他有一个姑表姊妹林黛玉，还有一个姨表姊妹薛宝钗，从小在一块儿厮混。宝玉的心目中人是黛玉，然而和他行结婚礼的却偏是宝钗，于是悲剧发生了。但其中又穿插着别的许多男女间悲欢离合的故事。刻画世故人情，描写心理状态，无不毕肖。《红楼梦》的价值，还在于它通过一个贵族大家庭的兴衰变化，成为封建社会的百科全书，并揭露出封建统治阶级的奢靡丑恶和人吃人的本质，刻画出各种典型人物。

从前有许多人都认为《红楼梦》是别有寄托的，于是纷纷附会开去，其说很多，称为索隐派，著名的有王梦阮、沈瓶庵的《红楼梦索隐》，蔡子民的《石头记索隐》。

《红楼梦》既然是纯粹的创作小说，虽则仍取"章回"的形式，但其体例已和平话略有不同了。读者一比较便可明白。如每回开场处虽仍有"话说"两字，但中间则有"作者"两字出现，不像《水浒传》的自称"说话人"。又回末的"且'听'下回分解"，亦已改成"且'看'下回分解"了（吴承恩的《西游记》亦已如此）。

《红楼梦》开始以抄本形式广泛流传，上面有署名脂砚斋、畸笏叟等人的批语，称为"脂评"。脂评《石头记》已影印的，有大兴刘铨福藏抄本《脂砚斋重评石头记》，称甲戌本或脂铨本；北京大学藏《脂砚斋重评石头记》，称庚辰本，或称脂京本；戚蓼生序有正书局石印本《石头记》，称有正本、戚序本、脂戚本。在乾隆五十六年、五十七年，程伟元把八十回本《红楼梦》和高鹗续的四十回合在一起，用活字排印了两次。《红楼梦》的评点，还有道光前后护花主人王雪香、太平闲人张新之、大梅山民姚燮等的评点本。

后　记

　　本书是我在一九四九年前给上海开明书店出版的《中学生》杂志写的讲稿。这些讲稿介绍了中国古代文学名著的有关知识；也讲了各种文学样式的演变和它们在形式上的特点，这方面，一般文学史上大都是不　讲的，可以供读者参考。因此稍作修改，再加刊布。书中所引用的书目和版本，都反映了当时的学术情况，现在没有全部改换，只作了一些补充。有不妥当的地方，还请读者多多指教。

调孚

一九八〇年九月于四川江油